부동산 공법을 알면
부동산 투자가 쉽다

부동산 공법을 알면
부동산 투자가 쉽다

김현기 지음

두드림미디어

기준(노하우)은 기초와 기본을 토대(기반)로 조성(완성)된 철학이다. 부동산 마니아가 법(상수)과 변수로 구성된 부동산 시계에서 부동산의 기초와 기본을 제대로 취득하는 것은 당연지사다. 그 기본의 축적물과 추출물이 바로 부동산 공법(상수)이다.

변수가 많은 부동산, 특히 토지 시계에서는 기초가 튼튼하지 않으면 안 된다. 토지의 시작점이 입지가 빼어난 맹지요, 끝은 대지 지분이기 때문이다. 부동산 투자는 상수(법)만으로는 역부족이다. 법을 극대화할 수 없다면 굳이 법을 공부할 이유가 없다. 법을 응용하는 자와 악용하는 자의 차이는 크다. 성숙과 미숙으로 점철된다. 투자를 결정한 결심한 자는 잠재력이라는 새로운 가치(변수)에 돈을 과감히 던진다.

부동산 공법은 교과서다. 참고서가 아니다. 약속된 단어들로 구성되어 있기 때문이다. 변수가 마련된 책이 바로 참고서다. 예를 들어, 개발청사진이나 성공사례를 통해 부동산을 설명(기술)한 책이다. 즉, 상수의 책은 변수의 책과는 다른 것이다. 공법 책에 성공사례를 함부로 기술하지는 않는다. 개발계획도 마찬가지다. 대신 부동산의 성질과 품격은 기술해야 한다. 성질은 함부로 변질되지 않기 때문이다.

부동산 공법과 성격을 해석할 필요가 있다. 부동산 공법을 통해 지식뿐만 아니라 지혜까지도 습득할 수 있다. 지식은 지혜의 도구로 응용할 수 있기 때문이다. 지식 활용법이 곧 지혜인 셈이다.

부동산 입문자가 반드시 공부할 게 부동산 공법이다. 부동산 공법을 통해 산출된 법이 사법(민법)이다. 인간이 사용하는 공법이다 보니 별일(좋은 변수와 나쁜 변수)이 다 생긴다. 법을 잘 지켜야 하건만 잘 지키지 않아 사법이 정해지는 것이다. 공사(공법 사법) 구분이 필요하다. 공법을 공부하고 나서 민법(사법)을 공부해야 한다. 법의 의미를 모르면 법을 지키기가 쉽지 않다. 민사든 형사든 공법이 우선이다. 공익이 우선이기 때문이다. 선공후사(先公後私)의 정신이 투철한 게 부동산 시계다. 예를 들어, 토지보상법이나 단기 규제 정책 중 하나인 개발행위허가제한지역 지정의 경우, 공익을 위해 사익을 포기하라는 국가명령이 함축되어 있는 것이다.

부동산 공법을 지금 공부해야 하는 분명한 이유다. 토지 입문자(초보자)가 가장 먼저 사서 정독해야 하는 것은 부동산 공법 책이지, 부동산 노하우 책이 아니다. 부동산 노하우 책은 돈 버는 방법이 기술되어 있지만, 부동산 공법 책에는 돈 버는 방법은 없다. 대신 실수하지 않을 수 있는 대처 방안이 마련되어 있다. 분명한 사실은, 부동산 공법 책은 실수요자에게 필요한 가치라는 것이다.

투자자에게 필요한 것은 아니다. 그러나 실수요가치가 투자 가치를 낳지, 투자 가치가 실수요가치를 낳는 경우는 극히 드물다. 따라서 최우선으로 실수요가치(현재가치)를 기술한 부동산 공법에 접근해야 한다. 공법은 개발과 규제에 따른 기준 마련의 계기다.

공부(공적서류)에 개발과 규제 사안을 객관적으로 기술한 게 바로 토지이용계획확인원이다. 이 공부를 제대로 정독하려면 반드시 부동산 공법 공부에 매진해야 한다. 공부(공적서류)부터 공부하는 게 아니라 공법 공부부터 하는 게 정도다. 순리다. 나에게 꼭 필요한 부동산 공법을 내 공책에 기록한다. 핵심을 기록한다. 머리로 기억하고 공책에 기록하는 것이다.

20년 넘게 부동산과 인연을 맺은 필자 생각으로는 '부동산 공법'이란, 결과적으로 현재가치를 기록한 책이지만, 궁극적으로는 그 추구하는 목표는 '지난 20년간의 법의 행적과 변화를 기록한 기록물'로서의 가치가 커서 부동산 공법의 정의를 '과거와 현재 사이의 변수'라고 본다. 상수(고정적)의 책이지만 변수도 숨어 있다. '변화의 과정'을 소상히 기록함으로써 그동안(20년간)의 크고 작은 변화를 목도할 수 있는 기회가 바로 부동산 공법인 것이다.

필자가 보는 견지에서는 그동안의 크고 작은 변화가 본질이 아니다. 핵심이 아니다. 차제에 독자 여러분들은 변화의 필요성을 적극적으로 분석할 필요가 있다. 군이 변할 이유가 없는 경우도 있기 때문에 하는 말이다. 본질과 논점이 핵심이므로 접근 방식을 굳건히 정해두어야 한다. 공법 공부를 할 때 철학이 없으면 안 된다. 예를 들어, 우리가 언론에 접근할 때 핵심 모색을 제대로 해야 실수를 하지 않는다. 판단과 진단에 문제가 있으면 큰일 치른다. 가짜 뉴스를 피하는 방법으로 가격 뉴스 대신 가치 뉴스에 접근하는 것이다. 가격 뉴스는 부동산 공법으로 치면, 각종 수치와 약속들이다. 수치 등으로 가치를 평가할 게 아니라 부동산 공법이 인간의 삶의 동력에 미치는 영향력에 집중할 필요가 있다.

부동산 공법 책과 부동산 노하우 책은 하늘과 땅 차이다. 접점 찾기가 버거울 정도다. 부동산 공법 책은 과거와 현재 사이의 사안과 상황을 구체적이고 체계적으로 접근한 책으로, 독자들에게 정답을 제시하지만, 부동산 노하우 책은 현재가치와 미래가치 사이의 변수들을 추상적으로, 혹은 모호한 방식과 형태로 비구체적으로 접근한 책으로, 정답을 제시할 수가 없다. 공법 책은 공익성이 강하고 노하우 책은 개별성이 강하다. 이러한 차이점과 갭을 살핀 상태에서 부동산 공법을 정독해야 할 것이다. 부동산 공법 책은 노하우 책이 아니다. 부동산 공법이 노하우가 될 수 있는 크고 작은 재료는 될 수는 있겠지만 말이다.

이번 책은 '공법의 역사'를 기술(변화 과정 기술-과거를 기록했고, 현재 상황을 함께 기술했다)을 한 만큼 시험을 앞둔 수험생보다는 시행을 앞둔 건설이나 건축업자들에게 유익하다고 본다. 책을 통해 해당 지자체와의 소통을 자주 할 수 있는 기회이기 때문이다. 변화 자체보다는 변화의 과정이 훨씬 중요하다. 즉 변화가 반드시 진화로 연계되는 것은 아니나, 변화의 과정은 개인적으로 이해력 증진에 많은 도움이 된다. 의미 있는 공부를 해야 나에게 얻는 게 많다. 사안과 사물의 발견에 절대적으로 유리하다.

부동산 공법 책이 노하우 책보다 유리한 점은 지자체 담당 공무원과 진지한 대화를 나눌 수 있다는 점이다. 이를테면 주택법은 주택과 공무원과 건축법은 건축과 공무원과 도시개발법은 도시개발과 공무원과 대화를 나누면 모든 사안은 해결된다. 너무 수월하다. 부동산 공법은 현재가치를 기술한 책으로서 과거와 현재 사이의 갭에 관한 것은 담당 공무원을 통해 정확히 알아보면 된다. 이번 책은 '사안의 변화 이전 모습'도 열거해놓았기 때문이다.

김현기

CONTENTS

CONTENTS

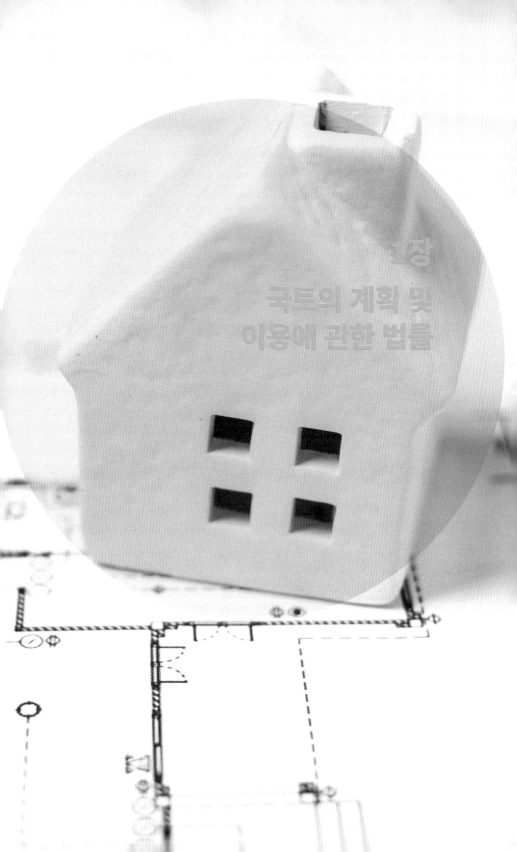

1장

국토의 계획 및
이용에 관한 법률

부동산 공법

존재 목적

원천적으로 국민 개인의 재산권 보장 및 개선과 직결되며, 그러기 위해서는 반드시 수반되는 게 있다. 국토를 효율적으로 이용하고 개발 및 보전하는 것이다. 그것을 위해 체계적인 계획의 수립이 필요한 것이다. 개발하되 최우선은 '현재가치의 보호'다. 보전이다. 부동산 공법은 개발을 위해 존재하는 법령이 아닌, 보호와 보지에 그 역할이 지대하다. 모든 개발이 보전의 공간(녹지지역과 대자연 상태) 안에서 이루어지는 이유다. 이를테면 녹지지역이 주거지역의 재료요, 대자연 상황이 곧 대도시 형성의 재료인 것이다. 주거지의 과거는 무조건 녹지다. 마치 어른의 과거가 무조건 아이인 것처럼 말이다. 녹지가 중요한 이유다.

정의

(1) 광역도시계획

장기적 발전 방향을 제시하는 계획이다.

(2) 도시계획의 분류

도시기본계획

장기발전 방향을 제시하는 종합계획으로, 도시관리계획 수립의 지침이 되는 계획을 말한다. '도시 진화의 바탕화면'이다. 망원경을 통해 들여다본다. 미래의 청사진이라 할 수 있기 때문이다.

도시관리계획

도시기본계획을 구체화시킨 프로젝트다. 도시기본계획을 구체적으로 분석, 해석해놓은 투명한 자료다. 개발과 정비, 보전에 필요한 조치가 취해진다. 예를 들어, 토지 이용, 교통, 환경, 경관, 후생, 복지에 이르기까지 계획이 수립된다. 도시기본계획을 구체화시킨 것이므로 현미경이 필요하다. 도시기본계획은 도시관리계획을 낳는다. 그게 순리다. 연동하지 않으면 실패한 기획이다. 도시관리계획은 도시기본계획을 극대화할 기회다.

도시관리계획의 내용은 다음과 같다.
- 용도지역, 용도지구의 지정 또는 변경에 관한 계획
- 개발제한구역, 시가화조정구역, 수산자원보호구역의 지정 또는 변경에 관한 계획
- 기반시설의 설치와 정비, 개량과 관련된 계획
- 지구단위계획구역의 지정 또는 변경에 관한 계획과 지구단위계획

- 도시개발사업 또는 정비사업*에 관한 계획

　결국, 도시기본계획은 도시관리계획을 분만해 기반시설 등 '도시의 기본이 완성되는 과정'이다. 토지 분할 과정이 땅의 최초 개발 과정이듯 도시기본계획을 보기 좋게 체계적으로 구체적으로 '분할' 및 분류한 결과가 곧, 도시관리계획의 완성이리라.

지구단위계획
　도시계획 수립 대상 지역 안 일부에 대해 토지 이용의 효율화와 증진을 위해 마스터플랜을 만들어 관리하는 도시관리계획이다. 용도가 변화할 기회다.

(3) 시설
기반시설 : 부대 및 편의시설도 포함
- **교통시설** : 도로, 철도, 항만, 공항, 주차장, 자동차 정류장, **궤도**(레일을 깔아놓은 길), **삭도**(로우프웨이)
- **공간시설** : 광장, 공원, 녹지, 유원지, 공공공지
- **유통 공급시설** : 수도, 전기, 가스, 통신시설, 공동구
- **공공문화체육시설** : 학교, 운동장, 공공청사, 문화시설, 체육시설, 도서관, 연구시설
- **방재시설** : 하천, 유수지, 저수지, 방화설비, 방수시설, 사방설비
- **보건위생시설** : 화장장, 공동묘지, 납골시설, 도축장

* 정비사업 – 도로나 상하수도 등 기반시설을 새로 정비하거나 주택 등 건축물을 개량, 건설하는 등 주거환경 개선을 위해 시행하는 사업

- 환경기초시설 : 하수도, 폐기물 처리시설, 폐차장

도시계획시설 : 기반시설 중 '도시관리계획'으로 결정된 시설

- **공동구 − 지하매설물**(전기, 가스, 수도 등의 공급설비, 통신시설, 하수도시설 등)**을 공동 수용해서 미관 개선과 도로구조의 효율화를 위해 지하에 설치하는 시설물**
- **공공시설 − 도로, 공원, 철도, 수도, 그 밖에 대통령령이 정하는 공공용시설**

(4) 도시관리계획으로 결정한 용도지역, 용도지구, 용도구역

용도지역

토지 이용의 바탕화면으로, 마치 도화지(백지상태) 같아 도회지(도시) 형성의 주요 도구로 사용할 수 있다. 즉, 도화지에 도회지를 그린다. 개발조감도를 그린다. 용도지역은 건폐율과 용적률 등을 제한함으로써 토지를 효율적으로 이용하기 위해 서로 중복되지 않게 도시관리계획으로 결정한 지역이다.

용도지구

용도지역을 제한 혹은 완화해 적용함으로써 용도지역 기능을 증진하고 미관, 경관, 안전 등을 도모하기 위해 도시관리계획으로 결정하는 지역을 말한다.

용도구역

용도지역 및 용도지구의 제한을 강화 또는 완화해 따로 정함으로써 시가지의 무질서한 확산 방지, 체계적인 토지 이용의 도모 등을 위해 도시관

리계획으로 결정한 지역이다. 이를테면 개발제한구역은 규제를 통해 도시 발전의 무질서를 방지하는 것이다. 즉, 규제를 위한 규제가 아닌 개발의 타당성과 합리적이고 체계적인 발전을 위해 규제를 하는 것이다. 가격 하락 및 인구 감소의 이유와 더불어 규제의 이유 또한 투자자라면 반드시 인지해야 할 핵심 사안이다.

(5) 개발밀도관리구역과 기반시설부담구역

개발밀도관리구역

개발로 인해 기반시설이 부족할 것이 예상되나 기반시설 설치가 곤란한 지역을 대상으로 건폐율 또는 용적률을 강화해서 적용하기 위해 지정하는 구역이다.

기반시설부담구역

개발밀도관리구역 이외의 지역으로서 개발로 인해 기반시설의 설치가 필요한 지역을 대상으로 기반시설을 설치하거나 그에 필요한 용지를 확보하기 위해 지정하는 구역이다.

기반시설부담계획

기반시설부담구역을 대상으로 기반시설의 설치계획 및 부담 방법 등을 정하기 위해 수립하는 계획이다.

도시계획

도시기본계획

토지의 용도별 수요와 공급에 대한 사항, 기반시설에 대한 사항, 도심 및 주거환경의 정비와 보전에 관한 사항, 방재와 안전에 관한 사항, 공원과 녹지에 대한 사항을 담았다.

도시관리계획

(1) 입안 절차

입안 제안→기초조사(환경성 검토 및 토지적성평가[*])→의견 청취→입안→협의 →심의→심의 결정고시→열람

[*] 토지적성평가 – 토지의 토양, 입지, 활용 가능성 등 토지의 적성에 대한 평가로서, 도시기본 계획 및 도시관리계획을 수립할 때 수행해야 할 기초 과정 중 하나다. 도시관리계획은 광역 도시계획 및 도시기본계획에 부합되어야 한다.

(2) 지구단위계획구역의 지정

지구단위계획구역은 '도시관리계획'으로 결정한다.

제1종 지구단위계획구역의 지정 요건

- 용도지구
- 기반시설부담구역
- 도시개발법에 의해 지정된 도시개발구역
- 도시 및 주거환경정비법에 의해 지정된 정비구역
- 택지개발촉진법에 의해 지정된 택지개발예정지구
- 주택법에 의한 대지조성사업*지구
- 공장, 학교, 군부대 등 대규모 시설물의 이전 또는 폐지로 인해 발생하는 부지와 그 주변지역
- 개발행위허가 제한지역
- 용도지역의 지정, 변경에 관한 도시관리계획을 입안하기 위해 열람, 공고된 지역

제2종 지구단위계획구역의 지정 요건

계획관리지역으로서 당해 지역에 도로, 수도공급설비, 하수도 등 기반시설을 공급할 수 있을 것, 그리고 자연환경, 경관, 미관 등을 해치지 않고 문화재의 훼손 우려가 없을 것

---

* 대지조성 – 원활한 공사를 위해 대지 내 장애요소를 정리하는 사업
  대지조성사업 – 주택법에 의해 시행되는 사업으로, 주택단지를 조성하기 위해 시행하는 사업이다. 1만㎡ 이상의 대지조성사업을 시행하는 경우에는 주택법에 따라 사업계획승인을 받아야 한다.

지구단위계획의 구분

- 제1종 지구단위계획구역 : 토지 이용을 합리화·효율화하고 도시 또는 농산 어촌의 기능 증진, 미관의 개선 및 양호한 환경을 확보하기 위해 수립하는 계획
- 제2종 지구단위계획구역 : 계획관리지역 또는 개발진흥지구를 체계적으로 개발 또는 관리하기 위해 용도지역의 건축물 그 밖의 시설 용도, 종류, 규모 등에 대한 제한을 완화하거나 건폐율, 용적률을 완화해 수립하는 계획

지구단위계획구역 안에서의 건축 기준 완화

- 국토의 계획 및 이용에 관한 법률상의 건축 기준 완화 : 용도지역 및 지구 안에서의 건축물의 건축 제한, 용도지역 안에서의 건폐율과 용적률
- 건축법상의 건축 기준 완화 : 대지 안의 조경, 대지와 도로와의 관계, 건축물의 높이 제한, 공개공지 등의 확보

다만 토지 이용계획확인원에 지구단위계획구역으로 명기, 표기되어 있다고 해서 모두가 유익을 보는 것은 아니다. 자격에 반드시 부합해야 하는 이유다. 자격조건이 있다. 지정된 지역의 인구 변화와 지정날짜 등 변수를 알아보지 않으면 안 된다. 주거인구가 감소하고 있는 곳에도 지구단위계획구역으로 지정된 곳이 너무 많다. 인구가 급격히 감소하는 곳에 지정되었다면 상세히 알아보고 접근해야 한다. 이런 곳의 특징은 장기간 변화와 진화가 없다는 것이다. 인구 감소의 요인을 더불어 알아보는 게 좋겠다. 그 원인을 찾았다면 관심도를 높이고, 그렇지 않으면 거기서 미련 없이 나와라. 어떨 때는 빠른 포기가 리스크 크기를 크게 줄일 수 있는 대안이 될 수도 있다.

지구단위계획구역이 용도와 밀접한 관계를 유지하다 보니 지역 잠재성에 대한 기대감이 크다. 잠재성을 구체화할 수 있는 능력이 없다면 리스크가 크다. 지구단위계획구역 하나로 모든 사안(지역 난제와 명제)이 해결되는 것은 아니다.

부동산 공법 탐구
부동산 공법의 특징

부동산 공법은 미래와 무관하다. 과거가 포함된 현재가치를 구체적으로 기술한 상황이기 때문에 미래까지 생각할 여유가 없다. 과거와 현재가 연계하는 것은 법에 의해서다. 사람 손을 통해 변한다. 그러나 미래와의 연계는 사람 손을 통해서 되는 게 아니다. 순전히 순리에 맡길 수밖에 없다. 과거와 현재가 연계된 부동산 공법은 정직하기 때문에 반드시 미래가치가 높다. 지금 당장은 미래와 무관하지만 말이다.

현재가치라는 말은 있어도 '과거가치'라는 말은 없다. 지나가버린 것은 볼 수가 없기 때문이다. 과거 나에게 100억 원이 있었지만, 지금은 없다면 100억 원(과거)을 절대로 볼 수가 없다. 즉, 부동산 공법은 상수(constant)지만 법령이 조금씩 바뀐다. 필자는 이런 이론의 상황을 '과거와 현재 사이'로 정리하려고 한다. 과거가 있기에 현재가치가 존속할 수 있는 것이기 때문이다. 비유컨대 토지 분할의 분만 능력이 탁월한 것처럼 과거 역시 마찬가지로 분만 능력이 있다. 과거는 개별적으로 경험의 도구로 응용할 수 있기 때문이다.

시간의 위대함이다. 과거는 현재가치를 낳고, 현재는 미래를 낳는다. 이 역시 순리다. 부동산 공법은 순리에 적극적으로 순응한다. 과거의 의미를 굳이 찾는다면 기억에 머물지 않고 기록을 통해 통감하는 것이다. 변하기 이전의 기록을 말이다.

용도지역

용도지역, 용도지구, 용도구역 등은 지구단위계획구역의 모토가 될 수 있다. 토지 이용과 부동산 사용가치의 시발점이기 때문이다. 토지 이용계획확인원에 반드시 명기되어야 할 사안이 용도와 용처다. 이 용처가 바로 실수요가치를 이르는 말이다. 절대로 투자 가치를 명기하지는 않는다. 공무원을 통해 투자 가치를 논하지 않는 이유이리라. 토지 이용계획확인원 사용법은 규제 사용법과 일맥상통한다. 개발사항이 명기되어 있지 않아 규제 수위를 통해 개발가치와 가능성을 예감한다. 이런 면에서 그 품격과 성격이 부동산 공법과 같다. 부동산 공법에도 개발가치가 우회적으로 명기되어 있지, 구체적으로 명기되어 있지 않다. 다만 규제(법과 원칙)를 통해 개발청사진을 예상할 뿐이다. 이를테면 건폐율과 용적률을 통해서 말이다. '보호가치 높은 용적률'은 개발가치가 낮다. 현재가치를 보호해야 하기 때문이다.

용도는 현재가치와 미래가치를 통해 존재가치(존재 이유)를 분간할 수가 있다. 용도 자체가 현재가치기 때문이다. 토지 이용계획확인원 하나로 용도변경(미래가치)을 용감하게 예감할 수 있는 사람은 많지 않다. 가령 계획관리지역이 도시지역으로 편입된다는 것은 마치 규제 해제 과정(그린벨트 해제 과정)을 겪는 것과 같아 그 희소가치가 너무도 높다. 용도가 변동되든 규제 해제가 되든 공통점은 반드시 주거인구가 증가해야 한다는 사실이다. 이는 명제가 확실해 100% 진행하게 된다. 주거인구를 수용할 대규모 아파트단지가 꼭 필요한 상황이기 때문이다.

요컨대 용도, 규제, 입지 등은 모두 인구의 변화로 진화 과정을 거친다. 단순히 인구 규모로 모든 사안을 판단하거나 결정해서는 안 된다. 마치 역세권 규모 하나에 모든 것을 걸고 투자하는 무지한 투자자처럼 행동해서는 안 된다는 것이다. 역세권 용도 변화에 영끌 하면 절대로 안 된다.

용도지역의 구분

(1) 도시지역

• 주거지역 : 주거인구의 편익과 안녕을 위해 존속하는 지역

• 상업지역 : 상업 및 편익의 공간으로서 존재하는 지역

• 공업지역 : 공업의 편익 증진을 위해 존재하는 지역

• 녹지지역 : 보전 목적으로 존재하나, 주거지역 등의 원자재로 사용할 수 있는 지역이다.

주거지역, 상업지역, 공업지역 등 완성도가 높은 지역의 경우 재개발의 대상이 되나, 녹지지역은 개발의 대상이 된다. 주거 및 유동 인구가 증가하게 된다면 용도가 변경될 확률이 높아진다. 즉 상업지역 등은 '훼손 상태'에 의해 재개발이 결정되지만, 녹지지역은 '인구 상태'에 의해 개발이 결정된다.

(2) 관리지역

- 보전관리지역 : 주변의 용도지역과의 관계 등을 고려할 때 자연환경보전지역으로 지정해서 관리하기가 곤란한 지역(보존 및 존재가치가 자연환경보전지역 수준)
- 생산관리지역 : 농업, 임업 등을 위해 관리가 필요하나, 주변의 용도지역과의 관계 등을 고려할 때 농림지역으로 지정해 관리하기가 곤란한 지역(존재가치가 거의 농림지역 수준)
- 계획관리지역 : 도시지역으로의 편입이 예상되는 지역 또는 자연환경을 고려해 제한적인 이용·개발을 하려는 지역으로서 계획적으로 관리가 필요한 지역

농림지역과 자연환경보전지역의 경우 도시 및 관리지역 대비 완성도가 낮아 지역을 구분·분류(세분화)를 할 수 없을 정도다. 완성도가 낮다는 의미는 보전과 유지에 집중한다는 것이다. 즉, 개발가치보다는 보호의 가치가 높다.

용도지역의 세분

(1) 주거지역

전용주거지역 - 양호한 주거환경을 위해 존속하는 지역

- 제1종 전용주거지역 : 단독주택 중심으로 형성된 지역
- 제2종 전용주거지역 : 소형공동주택 중심으로 형성된 지역

일반주거지역 - 편리한 주거환경을 위해 존속하는 지역

- 제1종 일반주거지역 : 저층주택을 중심으로 형성된 주거지역
- 제2종 일반주거지역 : 중층주택을 위주로 조성된 주거지역
- 제3종 일반주거지역 : 중고층주택을 위주로 조성된 주거지역

준주거지역

주거 기능이 주(主)이고 일부는 상업 및 업무 기능을 보완(종)하기 위해 조성된 지역

(2) 상업지역

- 중심상업지역 : 도심, 부도심의 업무 및 상업 기능을 확충하기 위해 만들어진 지역으로 희소가치가 최고 수위
- 일반상업지역 : 일반적인 상업 및 업무 기능을 담당하기 위해 조성된 지역으로 대중성이 강함
- 근린상업지역 : 근린지역에서의 일용품 공급을 위해 조성된 상업지역
- 유통상업지역 : 도시 내 혹은 지역 간 유통 기능의 강화를 위해 조성된 상업지역

(3) 공업지역

- 전용공업지역 : 중화학공업, 공해성 공업을 수용하기 위해 조성된 공업지역
- 일반공업지역 : 환경을 저해하지 않는 상태에서의 공업의 배치를 위해 조성된 공업지역
- 준공업지역 : 경공업을 수용하되, 주거와 상업, 업무 기능을 보완한 형태의 공업지역으로, 기능과 역할만 다를 뿐, 준주거지역의 품격과 비슷함(예 : 활용도의 다양성). 활용도의 다양성과 인구의 다양성은 거의 정비례

(4) 녹지지역

- 보전녹지지역 : 녹지의 보전이 목적인 지역
- 생산녹지지역 : 농업 위주의 목적으로 지정한 지역으로 개발을 유보할 필요가 있는 지역
- 자연녹지지역 : 녹지지역이지만 주거인구가 급증하는 상황에서 개발을 주도할 수 있는 지역

용도지역 안에서의 건폐율(바닥면적)

(1) 국토의 계획 및 이용에 관한 법률상 건폐율의 최대한도

도시지역

- **주거지역 : 70% 이하**
- **상업지역 : 90% 이하**
- **공업지역 : 70% 이하**

• 녹지지역 : 20% 이하

관리지역

• 보전관리지역 : 20% 이하

• 생산관리지역 : 20% 이하

• 계획관리지역 : 40% 이하

농림지역 – 20% 이하

자연환경보전지역 – 20% 이하

(2) 세분된 용도지역 안에서의 건폐율

도시지역

① 주거지역(70% 이하)

• 전용주거지역 – 제1종 전용주거지역(50% 이하), 제2종 전용주거지역(50% 이하)

• 일반주거지역 – 제1종 일반주거지역(60% 이하), 제2종 일반주거지역(60% 이하), 제3종 일반주거지역(50% 이하)

• 준주거지역(70% 이하)

② 상업지역(90% 이하)

• 중심상업지역 – 90% 이하

• 일반상업지역 – 80% 이하

• 근린상업지역 – 70% 이하

• 유통상업지역 – 80% 이하

③ 공업지역(70% 이하)

- 전용공업지역 – 70% 이하

- 일반공업지역 – 70% 이하

- 준공업지역 – 70% 이하

④ 녹지지역(20% 이하)

- 보전녹지지역 – 20% 이하

- 생산녹지지역 – 20% 이하

- 자연녹지지역 – 20% 이하

관리지역

- 보전관리지역 : 20% 이하

- 생산관리지역 : 20% 이하

- 계획관리지역 : 40% 이하

농림지역 – 20% 이하

자연환경보전지역 – 20% 이하

용도지역 안에서의 용적률(연면적)

(1) 국토의 계획 및 이용에 관한 법률상 용적률의 최대한도

도시지역

- 주거지역 : 500% 이하

- 상업지역 : 1,500% 이하

・공업지역 : 400% 이하

・녹지지역 : 100% 이하

관리지역

・보전관리지역 : 80% 이하

・생산관리지역 : 80% 이하

・계획관리지역 : 100% 이하

농림지역 – 80% 이하

자연환경보전지역 – 80% 이하

(2) 세분된 용도지역 안에서의 용적률

도시지역

① 주거지역(500% 이하)

・**전용주거지역 – 제1종 전용주거지역**(50% 이상 100% 이하), **제2종 전용주거
지역**(100% 이상 150% 이하)

・**일반주거지역 – 제1종 일반주거지역**(100% 이상 200% 이하), **제2종 일반주거
지역**(150% 이상 250% 이하), **제3종 일반주거지역**(200% 이상 300% 이하)

・**준주거지역 – 200% 이상 500% 이하**

② 상업지역(1,500% 이하)

・**중심상업지역 – 400% 이상 1,500% 이하**

・**일반상업지역 – 300% 이상 1,300% 이하**

・**근린상업지역 – 200% 이상 900% 이하**

- 유통상업지역 – 200% 이상 1,100% 이하

③ 공업지역(400% 이하)

- 전용공업지역 – 150% 이상 300% 이하
- 일반공업지역 – 200% 이상 350% 이하
- 준공업지역 – 200% 이상 400% 이하

④ 녹지지역(100% 이하)

- 보전녹지지역 – 50% 이상 80% 이하
- 생산녹지지역 – 50% 이상 100% 이하
- 자연녹지지역 – 50% 이상 100% 이하

관리지역

- 보전관리지역 – 50% 이상 80% 이하
- 생산관리지역 – 50% 이상 80% 이하
- 계획관리지역 – 50% 이상 100% 이하

농림지역 – 50% 이상 80% 이하
자연환경보전지역 – 50% 이상 80% 이하

부동산 공법 탐구 2
미완성물인 토지의 용적률

법적으로 토지의 용적률은 사용할 수가 없다. 그렇기에 현장답사를 가기 전에 '용적률 보는 방법'을 체득해야 한다. 그것을 모른 채 현장답사를 진행하면 100% 실패를 하고 만다. 실망한다. 내 땅 주변가치를 볼 때는 인근 '지상물의 용적률과 더불어 공실률'을 함께 본다. 내 땅의 용적률은 외부에 표시, 표출된 상태가 아니므로 내 땅의 용적률 대신 남의 지상물의 용적률과 공실률을 통해 내 땅의 가치를 정조준하는 것이다. 즉, 땅 투자자가 '주변가치를 본다'라는 의미는, 내 땅 주변의 지상물들의 용적률을 보는 것이리라.

외부에서는 절대로 볼 수 없는 내 땅의 용적률에 집중하지 말고 내 땅 주변의 아파트나 상가 등의 용적률 상황을 견지하라. 보이지 않는 내 땅 용적률에 집착하는 행위는 마치 보이지 않는 미래를 보려고 애쓰는 소모전과 같은 것이라 시간 낭비다. 그 대신 내 땅 주변의 지상물들의 용적률 상황, 즉 현재가치에 집중하는 게 중요하다. 답사 시 보이는 곳에서 발견하기가 보이지 않는 곳에서 발견하는 것보다 훨씬 유리하다. 현장에서의 미래의 잠재가치를 발견하는 것은 순전히 온전히 주변가치를 통해서다. 주변 지상물(용적률)과 인물(인구 변화-공실률)을 통해 내 땅의 미래가치를 예측하라.

부동산 공법 탐구 3
용도지역, 용도구역, 용도지구의 현재가치

용도지역, 용도구역, 용도지구의 현재가치가 토지 이용계획확인원에 명기되어 있지만, 용도지역 외에 여러 사안(예 : 용도구역 등)이 기술되어 있는 것보다는 간결하게 기록되어 있는 게 유리하다. 이는 그만큼 규제 상황이 전무하다는 뜻이기 때문이다. 실수요 입장에서 재산권 행사에 유리하다. 마치 등기부등본을 검토할 때 표제부와 갑을구가 복잡하지 않은 것처럼 말이다. 갑을구 란에 기록사항이 많이 적혀 있는 것은 재산권 행사에 제약을 표시한 것이기 때문이다. 요컨대 개발과 개선의 모토가 바로 용도지역과 갑구(소유권) 상황이기 때문이다. 역시 핵심과 중심을 모색하는 게 중요하다. 여러 가지를 볼 게 아니라 핵심 모색에 집중하자. 핵심을 중심으로 규제의 정도를 분석하면 되기 때문이다.

용도지구

용도지구의 구분

과거와 현재가 연계되기에 탄력적으로 구분한다. 상황에 따라 알맞게 대처할 수 있고 용도지역의 가치를 보완하는 입장이다. 용도지역과 용도지구는 반드시 연계성을 갖는다.

- 경관지구와 미관지구 : 경관과 미관 보호를 위한 지구
- 고도지구 : 건축물 높이에 집중해 최저한도와 최고한도를 규제. 규제 속에는 관리의 의미가 내포되어 있음.
- 방화지구와 방재지구 : 방화지구는 화재 방어의 수단으로 지정된 지구이고, 방재지구는 각종 재해 방어를 위해 지정된 지구. 역시 관리와 보지의 의미가 내포되어 있음.
- 보존지구 : 문화재와 중요시설물, 그리고 생태계 보존가치에 의거해 지정
- 시설보호지구 : 보호 대상은 학교시설, 공용시설, 공항시설 등

- 취락지구 : 녹지지역, 관리지역, 농림지역, 자연환경보전지역, 개발제한구역 안의 취락 상황을 정비하기 위한 지구
- 개발진흥지구 : 주거 기능, 상업 기능, 공업 기능, 유통물류 기능, 관광 기능, 휴양 기능 등을 개발·정비하기 위해 지정된 지구
- 특정용도 제한지구 : 주거시설과 청소년 유해시설 등 특정시설의 입지를 제한할 필요가 있는 지구
- 위락지구 : 위락시설 집단화를 통해 다른 지역의 환경을 보호하기 위해 지정된 지구
- 리모델링지구 : 노후화된 지역을 새롭게 개발하기보다는 현재 환경 상태를 유지 및 정비할 필요가 있는 지구

용도지구의 세분

(1) 경관지구

- 자연경관지구 : 자연경관의 보호와 보지를 위해 지정된 지구
- 수변경관지구 : 수계의 수변 자연경관(풍경)을 보호하고 유지하기 위해 지정된 지구
- 시가지경관지구 : 도시 주거환경과 시가지의 도시경관을 보호하기 위해 지정된 지구

(2) 미관지구

- 중심지미관지구 : 토지의 이용가치가 높은 지역의 미관의 유지 및 관리를 위해 지정된 지구
- 역사문화미관지구 : 문화적 보존가치가 높은 건축물의 미관의 유지

및 관리를 위해 지정된 지구

- 일반미관지구 : 중심지미관지구 및 역사문화미관지구 외의 지역으로
서 그 미관의 유지 및 관리를 위해 지정된 지구

(3) 고도지구

- 최고고도지구 : 경관 보호와 과밀 방지를 위해 건축물 높이의 최고한
도를 정할 필요가 있는 지구
- 최저고도지구 : 토지 이용의 고도화와 경관의 보호를 위해 건축물 높
이의 최저한도를 정할 필요가 있는 지구

(4) 보존지구

용도지역과 달리 과거와 현재 사이에서 분류 및 세분화가 가능하다.

- 문화자원보존지구 : 문화재와 문화적 보존가치에 의해 지정된 지구
- 중요시설물보존지구 : 국방상이나 안보상 중요한 시설물의 보호를
위해 지정된 지구
- 생태계보존지구 : 생태적으로 보존가치가 큰 지역의 보호와 보존을
위해 지정하는 지구

(5) 시설보호지구

- 학교시설보호지구 : 학교 교육환경에 의거해 지정된 지구
- 공용시설보호지구 : 공공성이 강한 상태에서 지정된 지구
- 항만시설보호지구 : 항만 기능의 효율화 및 항만시설의 운영 관리를
위해 지정된 지구

• 공항시설보호지구 : 항공기와 연관된 지구

(6) 취락지구

• 자연취락지구 : 녹지지역, 관리지역, 농림지역, 자연환경보전지역 안의 취락 정비를 위한 지구
• 집단취락지구 : 개발제한구역 안의 취락을 정비하기 위해 필요한 지구

(7) 개발진흥지구의 분류

과거와 현재 사이에서 용도지역 대비 탄력적으로 세분화가 가능하다. 예컨대 특정개발진흥지구는 차후에 지정되었다. 여타의 지구와 다른 의미를 부여하고 있기 때문이다.

• 주거개발진흥지구 : 주거 기능의 강화 및 관리를 위해 지정된 지구
• 산업개발진흥지구 : 공업 기능을 중심으로 개발 및 정비하는 지구
• 유통개발진흥지구 : 유통과 물류 기능과 연관된 지구
• 관광휴양개발진흥지구 : 관광과 휴양의 기능과 연관된 지구
• 복합개발진흥지구 : 주거, 산업, 유통, 관광휴양의 기능 중 2개 이상의 기능을 중심으로 개발 및 정비할 필요가 있는 지구
• 특정개발진흥지구 : 주거, 공업, 유통물류, 관광·휴양 기능 외의 기능을 중심으로 '특정한 목적'을 위해 개발 및 정비할 필요가 있는 지구

개발행위 및 토지거래의 허가

개발행위허가 사항

(1) 건축물의 건축 - 건축법 규정에 의해 건축

(2) 공작물의 설치 - 인공을 가해 제작한 시설물 설치

(3) 토지 형질변경 - 절토, 성토, 정지*, 포장 등의 방법으로 토지 형상을 변경하는 행위와 공유수면**매립

(4) 토석 채취 - 흙, 모래, 자갈, 바위 등의 토석을 채취하는 행위

(5) 토지 분할 - 도시지역에서 다음에 해당하는 토지의 분할

- 녹지지역 안에서 관계 법령에 의한 허가, 인가 등을 받지 않고 행하는 토지 분할 과정
- 건축법 규정에 의한 분할 제한면적 미만으로의 토지 분할

---

* 정지(整地) – 건물을 짓거나 농작물을 심기 위해 땅을 고르게 다듬음.

** 공유수면관리법(公有水面管理法) – 공유수면의 보전과 이용, 그리고 관리에 대해 필요한 사항을 정한 법률(일부 개정 2009. 6. 9. 법률 제9773호)로, 2010년 4월 15일 '공유수면 관리 및 매립에 관한 법률(법률 제10272호)'의 제정으로 폐지되었다.

• 관계 법령에 의한 허가 등을 받지 않고 행하는 너비 5m 이하의 토지 분할

(6) 물건을 쌓아놓는 행위 - 녹지지역, 관리지역, 자연환경보전지역 안에서 건축물의 울타리 안에 위치하지 않은 토지에 물건을 1개월 이상 쌓아놓는 행위

개발행위허가의 변경

개발행위허가를 받은 사항을 변경하는 경우에도 개발행위허가 규정을 지켜야 한다. 다만 사업 기간을 단축하는 경우나 사업 면적을 5% 범위 안에서 축소하는 경우는 예외로 둔다.

허가 없이 가능한 개발행위

재해복구 또는 재난수습을 위한 응급조치, 건축법에 의해 신고하고 설치할 수 있는 건축물의 개축·증축·재축과 이에 필요한 범위 안에서의 토지의 형질변경, 허가를 받지 않아도 되는 경미한 행위(예 : 높이 50cm 이내 또는 깊이 50cm 이내의 절토, 성토, 정지 등)가 이에 해당한다.

개발행위허가의 기준

(1) 용도지역별 특성을 감안해 개발행위 규모에 적합할 것

(2) 도시관리계획 내용과 들어맞을 것

(3) 도시계획사업시행에 걸림돌이 되지 않을 것

개발행위허가의 규모

개발행위허가 규모는 다음에 해당하는 토지의 형질변경 면적을 말한다.

(1) 도시지역

- 주거지역, 상업지역, 자연녹지지역, 생산녹지지역 : 1만㎡ 미만
- 공업지역 : 3만㎡ 미만
- 보전녹지지역 : 5,000㎡ 미만

(2) 관리지역 - 3만㎡ 미만
(3) 농림지역 - 3만㎡ 미만
(4) 자연환경보전지역 – 5,000㎡ 미만

개발행위에 따른 기반시설의 설치

(1) 개발밀도관리구역

주거, 상업, 공업지역에서의 개발행위로 인해 기반시설의 처리 및 수용능력이 부족할 것으로 예상되는 지역 중 기반시설 설치가 곤란한 지역을 개발밀도관리구역으로 지정할 수 있다.

(2) 개발밀도관리구역의 지정 기준

- 개발밀도관리구역은 도로, 수도공급설비, 하수도 등 기반시설의 용량이 부족할 것으로 예상되는 지역 중 기반시설의 설치가 곤란한 지역에 대해 지정할 수 있도록 해야 한다.

- 개발밀도관리구역의 경계는 도로, 하천 그 밖에 특색 있는 지형지물을 이용하거나 용도지역의 경계선을 따라 설정하는 등 경계선이 분명하게 구분되도록 한다.

토지거래의 허가

허가 기준

허가 신청이 다음에 해당하는 경우에는 허가해서는 안 된다.

토지 이용 목적의 실수요성

토지거래계약을 체결하고자 하는 자의 토지 이용 목적이 다음에 해당되지 않은 경우

- 거주용 주택용지로 이용하는 경우
- 공익사업을 위한 토지 등의 취득 및 보상에 관한 법률* 그 밖의 법률에 의해 토지를 수용 또는 사용할 수 있는 사업을 시행하는 자가 그 사업을 시행하기 위해 필요한 경우
- 허가구역 안에 거주하는 농업인, 임업인, 어업인 혹은 대통령령이 정하는 자가 당해 허가구역 안에서 농업 등을 영위하기 위해 필요한 경우

---

* 공익사업을 위한 토지 등의 취득 및 보상에 관한 법률
  손실 보상에 관한 일반법이다. 종전의 '토지 수용법' 및 '공공용지의 취득 및 손실 보상에 관한 특례법'을 합친 법률로서 2003년 1월 1일부터 시행되고 있다.

토지거래계약을 체결하고자 하는 자의 토지 이용 목적이 다음에 해당하는 경우

- 도시계획 밖에 토지의 이용 및 관리에 대한 계획에 적당하지 않은 경우
- 생태계 보전 및 주민의 건전한 생활환경 보호에 중대한 위해를 초래할 우려가 있는 경우

부동산 공법 탐구
'부동산 공법'의 의미

100% 실수요로 움직여야 한다는 것으로, 투자라는 말이 전혀 통하지 않는다. 토지거래 허가라는 말이 나도는 것은 '투자'라는 변수를 절대 수용하지 않겠다는 다짐이다. 부동산 공법은 상수(법과 원칙)가 전부다. 변수는 투자와 연동한다. 그러나 변수가 부동산 공법을 통해서도 통용될 수가 있다. 투자 가치가 실수요가치를 낳기는 힘드나, 실수요가치가 투자 가치를 낳는 일은 흔한 사안이기 때문이다. 즉, 변수가 상수를 낳는 경우는 없으나 상수(법과 원칙)가 변수를 낳는다. 이것은 부동산의 순리다. 이를테면 난개발은 순리가 아니다. 부동산의 물리적 비가역성이다. 한번 훼손된 대자연의 녹지공간을 원상태 그대로 복구하는 것은 불가능하다. 이미 상처를 심하게 입었기 때문이다. 즉 난개발에 돌입해 과거로 절대로 돌아갈 수가 없다. 토지거래 허가라는 말이 나온 것은 순리(순서)를 고수하라는 명령이다. 부동산 공법만 사수해도 관심 갖는 투자 가치에 흡족할 수가 있다.

용도지역 안에서의 건축물 제한

(1) 제1종 전용주거지역 안에서 건축할 수 있는 건축물

단독주택, 제1종 근린생활시설

(2) 제2종 전용주거지역 안에서의 건축 가능한 건축물

단독주택, 공동주택, 제1종 근린생활시설

(3) 제1종 일반주거지역 안에서 건축 가능한 건축물

단독주택, 공동주택(아파트 제외), 제1종 근린생활시설, 교육 연구 및 복지시설, 초중등학교

(4) 제2종 일반주거지역 안에서 건축 가능한 건축물

단독주택, 공동주택, 제1종 근린생활시설, 문화와 집회시설, 교육 연구 및 복지시설, 초중등학교

(5) 제3종 일반주거지역 안에서 건축 가능한 건축물

단독주택, 공동주택, 제1종 근린생활시설, 문화와 집회시설, 교육 연구 및 복지시설, 초중등학교

(6) 준주거지역 안에서 건축 가능한 건축물

단독주택, 공동주택, 제1종 근린생활시설, 제2종 근린생활시설(단란주점과 안마 시술소는 제외), 문화시설과 집회시설, 의료시설, 교육 연구 및 복지시설, 운동시설

(7) 중심상업지역 안에서 건축 가능한 건축물

제1, 2종 근린생활시설, 문화 및 집회시설, 판매시설, 업무 및 숙박시설, 위락 및 공공용시설

(8) 일반상업지역 안에서 건축 가능한 건축물

제1, 2종 근린생활시설, 문화 및 집회시설, 판매시설, 의료시설, 업무시설, 숙박 및 위락시설, 창고 및 공공용시설

(9) 근린상업지역 안에서 건축 가능한 건축물

단독주택, 제1, 2종 근린생활시설, 문화 및 집회시설, 판매시설, 의료시설, 운동 및 숙박시설

(10) 유통상업지역 안에서 건축 가능한 건축물

제1종 근린생활시설, 판매시설, 창고시설

(11) 전용공업지역 안에서 건축 가능한 건축물

제1, 2종 근린생활시설, 공장, 창고시설, 위험물저장 및 처리시설, 자동차 관련 시설, 분뇨 및 쓰레기처리시설, 공공용시설 중 발전소

(12) 일반공업지역 안에서 건축 가능한 건축물

제1, 2종 근린생활시설, 판매시설, 공장, 창고시설, 위험물저장 및 처리시설, 자동차 관련 시설, 분뇨 및 쓰레기처리시설, 공공용시설 중 발전소

(13) 준공업지역 안에서 건축 가능한 건축물

공동주택 중 기숙사, 제1, 2종 근린생활시설, 판매시설, 의료시설, 교육연구 및 복지시설, 창고시설, 위험물저장 및 처리시설, 자동차 관련 시설, 분뇨 및 쓰레기처리시설, 공공용시설 중 발전소

(14) 보전녹지지역 안에서 건축 가능한 건축물

교육 연구 및 복지시설 중 초등학교, 창고시설, 공공용시설

(15) 생산녹지지역 안에서 건축 가능한 건축물

단독주택, 제1종 근린생활시설, 교육 연구 및 복지시설 중 초등학교, 운동시설 중 운동장, 창고시설, 위험물저장 및 처리시설 중 액화석유가스충전소 및 고압가스충전 저장소, 동물 및 식물 관련 시설, 공공용시설

(16) 자연녹지지역 안에서 건축 가능한 건축물

단독주택, 제1, 2종 근린생활시설, 의료시설, 교육 연구 및 복지시설, 운동시설, 창고시설, 동물 및 식물 관련 시설, 분뇨 및 쓰레기처리시설, 공공

용시설, 묘지 관련 시설, 관광휴게시설

(17) 보전관리지역 안에서 건축 가능한 건축물

단독주택, 교육 연구 및 복지시설 중 초등학교, 공공용시설

(18) 생산관리지역 안에서 건축 가능한 건축물

단독주택, 제1종 근린생활시설, 교육 연구 및 복지시설 중 초등학교, 창고시설, 동물 및 식물 관련 시설, 공공용시설

(19) 계획관리지역 안에서 건축 가능한 건축물

단독주택, 제1, 2종 근린생활시설, 의료시설, 교육 연구 및 복지시설, 운동시설 중 운동장, 창고시설, 동물 및 식물 관련 시설, 분뇨 및 쓰레기처리시설, 공공용시설, 묘지 관련 시설

(20) 농림지역 안에서 건축 가능한 건축물

제1종 근린생활시설, 교육 연구 및 복지시설 중 초등학교, 창고시설, 동물 및 식물 관련 시설, 공공용시설 중 발전소, 농어가주택

(21) 자연환경보전지역 안에서 건축 가능한 건축물

교육 연구 및 복지시설 중 초등학교, 농어가주택

제1종 근린생활시설

일용품을 판매하는 소매점, 이용원, 의원, 탁구장, 마을회관 등 주택가와 인접해 주민들의 생활편의를 도울 수 있는 시설

- 일용품 등의 소매점 : 바닥면적의 합계가 1,000㎡ 미만인 것
- 휴게음식점과 제과점 : 바닥면적의 합계가 300㎡ 미만인 것
- 이용원, 미용원, 목욕장, 세탁소
- 탁구장, 체육도장 : 바닥면적의 합계가 500㎡ 미만인 것
- 의원, 치과의원, 한의원, 침술원, 산후조리원
- 지역자치센터, 파출소, 지구대, 소방서, 우체국, 보건소 등 공공업무시설 : 바닥면적의 합계가 1,000㎡ 미만인 것
- 마을회관, 마을공동작업소, 대피소
- 변전소, 도시가스배관시설, 통신용시설 : 바닥면적 합계가 1,000㎡ 미만
- 금융업소, 사무소, 중개사무소 등 소개업소, 출판사 등 일반업무시설 : 바닥면적 합계가 30㎡ 미만

제2종 근린생활시설

공연장, 종교집회장, 사진관 등 주택가와 인접해 주민들의 생활편의를 도울 수 있는 시설

- 공연장 : 바닥면적 합계가 500㎡ 미만
- 종교 집회장 : 바닥면적 합계가 500㎡ 미만

- 자동차 영업소 : 바닥면적 합계가 1,000㎡ 미만

- 서점(제1종 근린생활시설에 해당하지 않는 것)

- 총포판매소

- 사진관, 표구점

- 일반음식점, 장의사, 동물병원, 동물미용실

- 학원, 교습소, 독서실

- 다중생활시설 : 바닥면적 합계가 500㎡ 미만

- 안마시술소, 노래연습장

부동산 공법 탐구
지역 입지(혹은 지명도)와 용도의 차이

지역 입지(혹은 지명도)와 용도의 차이도 변수의 일종으로, 수도권과 비수도권의 차이로 점철될 정도의 심한 격차를 보인다. 예컨대 공공청사, 백화점, 대학교, 도청 등은 위치 혹은 지역 브랜드에 의해 용도가치가 결정되고 있다. 마치 역세권 출구의 가치가 다 다르고 역세권 모드가 다 같을 수 없는 것처럼, 같은 용도지역이라도 지역 입지와 지역 브랜드에 의해 사뭇 다른 결과를 나타내고 있다.

범례) 수원시청과 당진시청의 용도 차이

수원시청의 용도
· 지목 - 대
· 토지 이용의 면적 - 21,677㎡
· 개별공시지가 - 5,537,000원
· 중심상업지역, 방화지구, 시가지경관지구(일반), 지구단위계획구역(시청

지구)
· 비행안전제6구역

당진시청의 용도

· 지목 - 대
· 면적 - 57,670㎡
· 개별공시지가 - 2,279,000원
· 준주거지역, 지구단위계획구역, 배수구역<하수도법>

구로역 AK백화점의 용도

· 준공업지역, 지구단위계획구역(2016-12-01)
· 평택역 AK백화점의 용도
· 준주거지역, 지구단위계획구역(민자역사)

경기도청의 용도

· 지목 - 답
· 면적 - 1,523㎡
· 개별공시지가 - 400,000원(2009/01)
· 일반상업지역, 지구단위계획구역(광교지구), 공공청사
· 택지개발지구<택지개발촉진법>

제주도청의 용도

· 지목 - 대지
· 면적 - 20,221㎡
· 제2종 일반주거지역, 고도지구(45m 이하)
· 시가지경관지구(일반), 시가지경관지구(중심)
· 중요시설물보호지구(공용), 장애물제한표면구역<공항시설법>
· 공장 설립 제한지역<수도법>, 건축계획심의 대상구역<제주특별자치
  도 설치 및 국제자유도시 조성을 위한 특별법>, 지하수자원특별관리구
  역<제주특별자치도 설치 및 국제자유도시 조성을 위한 특별법>

현대백화점 판교점의 용도

· 지목 - 대지

· 면적 - 22,918㎡

· 개별공시지가 - 29,100,000원(2024-01)

· 중심상업지역, 지구단위계획구역(판교)

· 비행안전제2구역<군사기지 및 군사시설보호법>, 택지개발지구(2012-06-25)(판교택지개발예정지구)<택지개발촉진법>

현대백화점 충청점의 용도

· 지목 - 대지

· 면적 - 27,417㎡

· 개별공시지가 - 3,370,000원(2024/01)

· 일반상업지역, 시가지경관지구(건축한계선 3m(도로폭 15m 이상 주된 도로변에 한함))

· 상업용지(건폐율 80% 이하, 용적률 600% 이하, 높이 20층 이하, 건축한계선 동쪽 도로변 5미터)

· 지구단위계획구역(대농3지구), 중점경관관리구역

용인대학교의 용도

· 지목 – 학교 용지

· 면적 - 146,618㎡

· 자연녹지지역, 자연보전권역<수도권정비계획법>, 수질보전특별대책지역<환경정책기본법>

신라대학교의 용도

· 지목 - 임야

· 면적 - 146,986㎡

· 자연녹지지역

즉, 단순히 용도지역, 역세권, 고속도로 그 자체에 매몰되기보다는 변수를 알아봐야 한다. 가령 대지라고 해서 무조건 좋은 땅으로 인정하는 습관을 버리라는 것이다. '대지'라는 이유로, '역세권'이라는 이유로 거품가격에 매수하면 안 된다.

변수가 중요하다. 입지 상태와 지역 브랜드가치가 반드시 비례하지는 않지만 함께 연동하는 경우가 많다. 그것은 지역 브랜드가치는 인구 규모나 인구 변화와 밀접한 관계를 가지고 있기 때문이다.

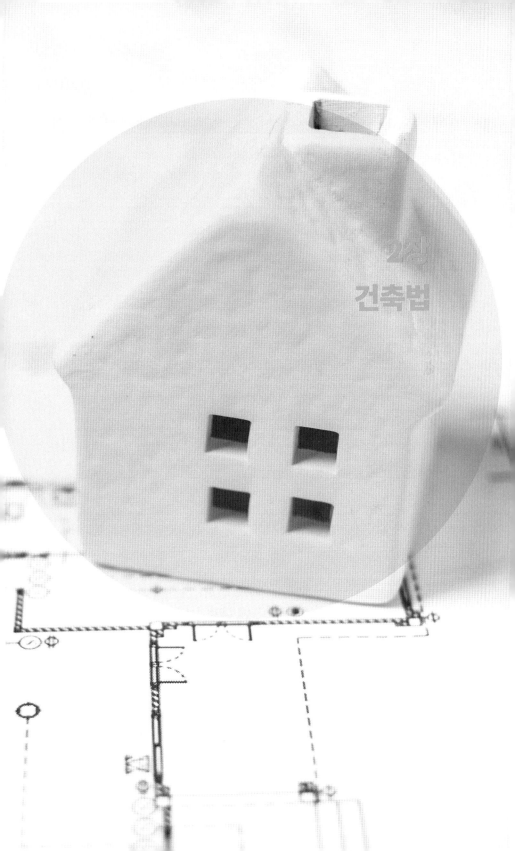

2장
건축법

 건축법

용어 설명

① 대지 – 지적법에 의해 각 필지로 구획된 토지

② 건축물 – 토지에 정착하는 공작물 중 지붕과 기둥 또는 벽이 있는 것과 이에 부수되는 시설물

③ 건축 설비 – 건축물에 설치하는 전기, 전화, 가스, 배수, 난방 및 오물 처리 설비와 승강기, 공동 시청 안테나, 유선방송수신시설 등

④ 주요구조부 – 내력벽,* 기둥, 바닥, 보, 지붕틀, 주계단을 말한다.

⑤ 건축 – 건축물을 신축, 증축, 개축, 재축, 이전하는 것을 말한다.

⑥ 대수선 – 건축물의 주요구조부에 대한 수선과 변경 또는 건축물 외부 형태의 변경

⑦ 도로 – 보행 및 자동차 통행이 가능한 너비 4m 이상의 도로로서 다

---

* 내력벽(耐力壁) – 건축물에서 구조물의 하중을 견디어내기 위해 만든 벽

음에 해당하는 도로

- 국토의 계획 및 이용에 관한 법률, 도로법, 사도법 등에 의해 신설 혹은 변경에 관한 고시가 된 도로
- 건축허가 혹은 신고 시 특별시장, 광역시장, 도지사, 시장, 군수, 구청장이 그 위치를 지정, 공고한 도로

⑧ 건축주 - 건축물의 건축, 대수선, 건축설비의 설치 혹은 공작물의 축조에 관한 공사를 발주하거나 현장관리인을 두어 스스로 그 공사를 행하는 자

⑨ 설계자 - 설계 도서를 작성하고 그 설계도서에 따라 해석, 지도, 자문하는 자

⑩ 설계도서 - 건축물 건축 등에 관한 공사용 도면과 구조계산서 등 공사에 필요한 서류

⑪ 공사감리자 - 건축법에 정하는 바에 따라 건축물, 건축설비 또는 공작물이 설계도서 내용대로 시공되는지의 여부를 확인하고 품질관리, 공사 및 안전관리 등에 대해 지도 및 감독하는 자

⑫ 공사시공자 - 건설산업기본법 규정에 의해 건설공사를 하는 자

부동산 공법은 투자 가치를 극대화시킬 기회가 아니다. 착각하지 말아야 한다. 공법 사용에 불법이 개입될 수가 있다. 우리가 냉장고나 자동차를 구입할 때는 제품 사용설명서를 접한다. 그러나 부동산은 제품과 품격이 판이하다. 부동산은 기술성과 예술성 모두가 함유된 작품이기 때문이다. 부동산의 기술성은 부동산 공법과 직결되나, 예술성은 변수와 연동한다. 예술성은 잠재성과 연동하기 때문이다. 그렇기에 우리가 공산품에 투자하기보다는 부동산에 투자하는 것이다. 공산품 사용설명서와 달리 부동산 사용설명서는 난해하다. 공부하기보다는 이해하기에 주력해야 하는 이유다. 단순히 공부로 끝나서는 안 되는 것이다.

부동산의 실수요가치(실용가치)는 개념으로 점철되고, 부동산 투자 가치(잠재가치)는 개성으로 점철된다. 전자가 아파트의 품격과 연계된다면 후자는 토지 품격과 연계되는 것이다. 토지는 창의력과 기획력을 통해 개인이 변화와 진화를 시도할 수 있으나 아파트는 개인이 개발하는 일은 절대 용납되지 않는다. 가령 토지의 리모델링(전용과정)은 개인이 가능하나, 아파트는 개인이 리모델링하는 일은 절대로 용납될 수가 없다. 우리나라 아파트는 마치 양계장과 같아 개성이 없다. 부동산 공법 책에도 개념을 기술했다. 개성을 기술해놓으면 그것은 부동산 노하우 책이기 때문이다.

건축법 적용에서 제외되는 건축물

① 문화재 보호법에 의한 지정 및 가지정 문화재*

② 철도 또는 궤도 선로부지 안에 있는 시설 - 운전보안시설, 철도선로 상하를 횡단하는 보행시설, 플랫트홈, 철도 또는 궤도 사업용 급수, 급탄 및 급유시설

③ 고속도로 통행료 징수시설

④ 컨테이너를 이용한 간이창고로서 공장 안에 설치한 이동이 용이한 것

적용 대상

(1) 건축

건축물을 신축, 증축, 개축, 재축, 이전하는 행위

- 신축 : 건축물이 없는 대지나 기존 건축물이 철거 또는 멸실된 대지에 새롭게 건축물을 축조하는 것
- 증축 : 기존 건축물이 있는 대지 안에서 그 건축물의 건축면적, 연면적, 층수, 높이를 증가시키는 것
- 개축 : 기존 건축물의 전부 또는 일부를 철거하고 그 대지 안에서 종전과 동일 규모의 범위 안에서 건축물을 다시 축조하는 것
- 재축 : 건축물이 천재지변에 의해 멸실된 경우에 그 대지 안에 종전과 동일 규모로 건축물을 다시 축조하는 것

* 가지정 문화재구역 – 국가 유산은 국가유산청장이 문화유산위원회 심의를 거쳐 지정하는데, 지정할 만한 가치가 있다고 인정되는 국가유산이 지정 전에 원형 보존을 위한 긴요하고 급한 필요가 있고, 문화유산위원회 심의를 거칠 시간적 여유가 없는 경우 국가유산청장이 중요문화재로 가지정할 수 있다.

- 이전 : 건축물을 그 주요구조부를 해체하지 않고 동일한 대지 안의 다른 위치로 옮기는 것

(2) 대수선

건축물의 주요구조부에 대한 수선, 변경 또는 건축물의 외부 형태 변경

(증축, 개축, 재축에 해당되지 않는 다음의 행위)

- 내력벽을 벽 면적 30㎡ 이상 해제해 수선 또는 변경하는 경우
- 기둥을 3개 이상 해체해 수선 또는 변경하는 경우
- 보를 3개 이상 해체해 수선 또는 변경하는 경우
- 지붕틀을 3개 이상 해체해 수선 또는 변경하는 경우
- 방화벽과 방화구획을 위한 바닥 또는 벽을 해체해 수선 또는 변경하는 경우
- 주계단, 피난계단, 특별피난계단을 해체해 수선 또는 변경하는 경우
- 미관지구 안에서 건축물의 외부 형태나 담장을 변경하는 경우

부동산 공법 탐구
건축법과 주택법

건축법의 '건축'의 의미는 '도로'와 직결되고 주택법의 '주택'이 의미하는 것은 '건축에 대한 높은 신뢰도'다. 맹지에다 건축물을 건축할 수 없고 부실한 건축기술로 주택을 형성한다는 것은 최종적으로 부실 공사로 이어지기 때문이다. 확실한 도로관계가 확실한 건축기술과 연계되고, 그 건축기술은 탁월한 전원주택 등을 만들어낸다.

 도로법

도로 기준의 원칙

건축법상 도로는 원칙적으로 보행 및 자동차 통행이 가능한 구조로서 너비가 4m 이상의 다음에 해당하는 도로를 말한다.

- 국토의 계획 및 이용에 관한 법률, 도로법, 사도법 기타 관계 법령에 의해 신설 혹은 변경에 대한 고시가 된 도로
- 건축허가 혹은 신고 시 시도지사, 시장 등이 그 위치를 지정, 공고한 도로

도로 기준의 예외

(1) 지형상 차량 통행이 불가능한 도로

(2) 막다른 도로

- 길이 10m 미만인 막다른 도로의 경우에는 너비가 2m 이상
- 길이 10m 이상 35m 미만인 막다른 도로의 경우에는 너비가 3m 이상
- 길이 35m 이상인 막다른 도로의 경우에는 너비가 6m 이상

대지와 도로와의 관계

건축물의 대지는 도로에 2m 이상을 접해야 한다. 또한, 연면적 합계가 2,000㎡ 이상인 건축물의 대지는 너비 6m 이상인 도로에 4m 이상 접해야 한다.

건축선

대지와 접하고 있는 도로의 경계선으로서 건축물을 건축할 수 있는 한계선이다. 건축선 설정은 건축물 도로 침입 방지와 도로교통의 원활함을 위해서다. 건축선 위치는 원칙적으로 대지와 도로 경계선으로 한다.

건축선에 관한 건축 제한

지표하의 부분을 제외하고는 건축물 및 담장은 건축선 수직면을 넘어서는 안 되며, 도로면으로부터 높이 4.5m 이하에 있는 출입구, 창문 기타 이와 유사한 구조물은 개폐 시에 건축선 수직면을 넘는 구조로 해서는 안 된다.

부동산 공법 탐구
건축법의 융통성

앞서 기술했듯 용도지구에 대한 과거와 현재 사이처럼 건축법 관련한 여러 가지 수치(예: 높이, 면적 등)도 과거와 현재 사이에 놓여 있어 자주 바뀔 수가 있다. 융통성이 있다. 이 융통성은 지자체의 자주법(조례)과 같은 이치로 받아들여야 할 것이다. 수험생 입장에서는 각종 수치가 중요하나, 암기 자체보다는 이해력 증진이 중요하니 투자 명분으로 공부하는 자에게는 그다지 큰 의미가 없다. 암기는 부동산 공부에서 아무런 의미가 없다. 고착관념을 만들어 뇌를 퇴화시킬 수도 있다. 건강한 비판을 절대로 하지 못해 여러모로 답답하다.

용도별 건축물의 종류

단독주택

- 단독주택
- **다중주택**(독립된 주거 형태가 아닐 것, 연면적이 330㎡ 이하이고 층수가 3층 이하일 것)
- **다가구주택**(주택으로 쓰이는 층수가 3개 층 이하일 것, 1개 동의 주택으로 쓰이는 바닥면적 합계가 660㎡ 이하일 것, 19세대 이하가 거주할 수 있을 것)
- 공관

공동주택

- 아파트 – 주택으로 쓰이는 층수가 5개 층 이상인 주택
- 연립주택 – 주택으로 쓰이는 1개 동의 연면적이 660㎡를 초과하고 층수가 4개 층 이하인 주택
- 다세대주택 – 주택으로 쓰이는 1개 동의 연면적이 660㎡ 이하이고 층수가 4개 층 이하인 주택

• 기숙사 – 공동취사가 가능할 수 있는 구조이되 독립된 주거 형태를 갖추지 않은 것

부동산 공법 탐구
건축법과 주택법의 차이

마치 재개발과 재건축 차이와 같다. 실수요자든 가수요자든 보는 관점의 차이가 똑같지는 않겠으나, 근원은 같다. 즉 건축법은 재건축 모드를 닮았고, 주택법은 재개발 모드를 닮았다. 전자의 개발 형태가 부분적일 때(작은 현미경으로 본다), 후자는 전반적이고 개괄적으로 개념(대형 현미경으로 본다)을 설명하고 있기 때문이다. 존재감의 차이다. 주택법과 재개발의 부동산 시계에 미치는 영향력이 광대한 것이리라. 도시기본계획이 재개발 모드라면 도시관리계획은 재건축 모드다. 우연하게도 재개발 안에 재건축 사업이 포함되기도 한다. 재개발 공간은 워낙 광대하기 때문이다. 비유컨대 대자연이 대도시의 바탕화면이라면 주택법은 건축법의 바탕화면인 것이다. 지상물(주택)이 있어야 건축 과정을 거칠 수가 있기 때문이다. 도로가 있어야 건축 과정을 거칠 수가 있는 것처럼 말이다. 부동산의 영속성(항구성+연속성)은 인력으로 막지 못한다. 가격 오름세를 인공적으로 막을 수 없는 것처럼 말이다.

도시개발법

도시개발법의 정의

(1) 도시개발구역

도시개발사업을 시행하기 위해 도시개발법 규정에 의해 지정 및 고시된 구역

(2) 도시개발사업

도시개발구역 안에서 주거, 상업, 산업, 유통, 생태, 문화, 복지 등의 기능(역할)을 가지는 단지 혹은 시가지 조성을 위해 시행하는 사업

도시개발구역 지정

(1) 지정권자

특별시장, 광역시장, 도지사는 계획적인 도시개발이 필요하다고 인정할 때에는 도시개발구역을 지정할 수 있다.

(2) 협의 지정

도시개발사업이 필요하다고 인정되는 지역이 2 이상의 특별시, 광역시 또는 도의 행정구역에 걸치는 경우에는 관계 시·도지사가 협의해 도시개발구역을 지정할 자를 정한다.

(3) 국토교통부장관의 지정

- 국가가 도시개발사업을 실시할 필요가 있는 경우
- 관계중앙행정기관의 장이 요청하는 경우
- 정부투자기관의 장이 대통령령이 정하는 규모 이상으로 도시개발구역의 지정을 제한하는 경우
- 관계특별시장, 광역시장, 도지사 간에 협의가 성립되지 않은 경우
- 천재지변 기타의 사유로 인해 긴급히 도시개발사업의 시행이 필요한 경우

도시개발구역 지정 요건

(1) 도시개발구역으로 지정할 수 있는 규모

도시지역 안의 경우

- **주거지역 및 상업지역 : 1만㎡ 이상**
- **공업지역 : 3만㎡ 이상**
- **자연녹지지역 : 1만㎡ 이상**

도시지역 밖의 경우 – 30만㎡ 이상

(2) 자연녹지지역 및 도시지역 밖의 지역에 지정하는 경우

'도시기본계획'에 의해 개발이 가능한 용도로 지정된 지역에 한해 그 기준에 따라 지정해야 한다.

도시개발구역의 지정 기준

(1) 도시개발구역으로 지정하고자 하는 지역이 2 이상의 용도지역에 걸치는 경우

다음의 기준에 따라 도시개발구역을 지정해야 한다.

- 도시지역 안에서 2 이상의 용도지역에 걸치는 경우 : 공업지역의 면적 3분의 1과 주거지역, 상업지역 및 자연녹지지역 면적을 합한 면적이 1만㎡ 이상일 것
- 도시지역 밖에서 2 이상의 용도지역에 걸치는 경우 : 총면적이 30만 ㎡ 이상일 것

(2) 도시지역 안과 도시지역 밖에 걸치는 경우

- 도시지역 안의 면적 중 공업지역의 면적 3분의 1과 주거지역, 상업지역 및 자연녹지지역의 면적을 합한 면적이 1만㎡ 이상이고, 도시지역 밖의 면적이 5,000㎡ 이하인 경우로서 도시지역 밖의 면적을 공공시설용지로 사용하기 위해 개발하는 경우일 것
- 총면적이 30만㎡ 이상이고 도시지역 밖의 면적이 27만㎡ 이상일 것

(3) 동일한 목적으로 여러 차례에 걸쳐 개발하거나 연접 개발하는 경우

다음의 요건을 모두 갖춘 때에는 개발 중인 구역과 새로 개발하고자 하는 구역을 하나의 도시개발구역을 지정해야 한다.

- 개발 중인 구역과 새로 개발하고자 하는 구역의 면적을 합한 면적이 도시개발구역으로 지정할 수 있는 규모 이상일 것
- 개발 중인 구역과 새로 개발하고자 하는 구역의 시행자가 같은 자일 것

지정제한 및 요청

(1) 지정요청

시장, 군수, 구청장은 시·도지사에게 도시개발구역 지정을 요청할 수 있다. 도시개발구역을 지정하거나 그 지정을 요청하는 경우의 도시개발구역 규모, 요청 절차, 제출서류 등에 대해 필요한 사항은 대통령령으로 정한다.

(2) 지정 제안

- 시행자가 될 수 있는 자가 시장, 군수, 구청장에게 제안할 수 있다.
- 도시개발구역 면적이 100만㎡ 이상인 경우로서 정부투자기관이 시행자에게 해당하는 자는 국토교통부장관에게 직접 제안할 수 있다.
- 비행정청인 시행자(소유자, 조합, 민간법인인 시행자)가 도시개발구역의 지정 제안 시에는 대상 구역의 토지면적의 3분의 2 이상에 해당하는 토지 소유자의 동의를 얻어야 한다.
- 시장, 군수, 구청장은 제안자와 협의해 도시개발구역의 지정을 위해 필요한 비용의 전부 또는 일부를 제안자에게 부담시킬 수 있다.

(3) 지정 절차

기초조사

도시개발구역으로 지정될 구역 안의 토지, 건축물, 공작물 기타 필요한 사항에 대해 조사하거나 측량할 수 있다.

주민 등의 의견 청취

국토교통부장관, 시·도지사가 도시개발구역을 지정하고자 하거나 시장, 군수, 구청장이 도시개발구역의 지정을 요청하고자 하는 때에는 공람 혹은 공청회를 열어 주민 및 전문가로부터 의견 청취를 해야 하며, 공람 혹은 공청회에서 제시된 의견이 타당하다고 인정한 때에는 이를 반영해야 한다.

도시계획위원회 심의

지정권자는 도시개발구역 지정 및 변경을 하거나 도시개발구역 지정 후에 개발계획을 수립하는 때에는 관계행정기관장과 협의 후 국토의 계획 및 이용에 관한 법률 규정에 의한 중앙도시계획위원회 혹은 시·도 도시계획위원회 심의를 거친다.

도시개발구역지정 고시

- 지정권자는 도시개발구역을 지정 및 변경하거나 도시개발구역 지정 후에 개발계획을 수립하는 때에는 관보나 공보에 고시하고 당해 도시개발구역을 관할하는 시장, 군수, 구청장에게 관련 서류를 송부한다. 관련 서류를 송부 받은 시장, 군수 등은 이를 일반 공람시킨다.
- 도시개발구역이 지정 및 고시된 경우 당해 도시개발구역은 국토의 계획

및 이용에 관한 법률 규정에 의한 도시지역 및 제1종 지구단위계획구역으로 결정 및 고시된 것으로 인정한다.

- 시·도지사가 도시개발구역을 지정 및 고시한 때에는 국토교통부장관에게 통보한다.
- 결정 고시된 사항에 대해 국토의 계획 및 이용에 관한 법률의 '도시관리계획'에 관한 지형도면 고시는 도시개발사업시행 기간 안에 할 수 있다.
- 도시개발구역 안에서 건축물 건축, 공작물 설치, 토지 형질변경, 토석 채취, 토지 분할, 물건 쌓아놓는 행위를 할 때에는 특별시장, 광역시장, 시장, 군수 허가를 받아야 한다.
- 재해복구나 재난수습을 위한 응급조치, 그리고 대통령령이 정한 경미한 행위 등은 허가 대상이 아니다.

도시개발사업의 시행

시행자

(1) 시행자의 지정

도시개발사업의 시행자는 다음의 자 중에서 지정권자가 지정한다.

- 국가 또는 지방자치단체
- 대통령령이 정하는 정부투자기관
- 지방공기업법*에 의해 설립된 지방공사
- 도시개발구역 안의 토지 소유자 또는 이들이 도시개발사업을 위해 설립한 조합
- 수도권정비계획법에 의한 과밀억제권역에서 수도권 외의 지역으로 이전하는 법인 중 과밀억제권역 안의 사업기간 등 대통령령이 정하는 요건에 해당하는 법인

* 지방공기업법 적용 범위 – 수도사업, 공업용수도사업, 궤도사업(도시철도사업을 포함한다), 자동차운송사업, 지방도로사업(유료도로사업만 해당), 하수도사업, 주택사업, 토지개발사업

- 건설산업기본법에 의한 토목공사사업 또는 토목건축공사업 면허를 받는 등 개발계획에 적합하게 도시개발사업을 시행할 능력이 있다고 인정되는 자로서 대통령령이 정하는 요건에 해당하는 자
- 앞의 요건에 해당하는 자 2 이상이 도시개발사업을 시행할 목적으로 출자해서 설립한 법인

(2) 시행자의 변경

- 행정처분에 의해 시행자의 지정 혹은 실시계획의 인가가 취소된 경우
- 시행자의 부도, 파산 기타 이와 유사한 사유로 인해 도시개발사업의 목적을 달성하기 어렵다고 인정되는 경우
- 도시개발구역의 전부를 환지 방식으로 시행하는 경우에 시행자로 지정된 자가 대통령령이 정하는 기간 내에 도시개발사업에 관한 실시계획의 인가를 신청하지 않은 경우

(3) 조합

조합원은 도시개발구역 안의 토지 소유자로 하며, 임원은 그 조합의 다른 임원 또는 직원을 겸할 수 없다. 조합은 법인으로 하며, 그 주된 사무소 소재지에서 등기함으로 성립된다. 조합은 그 사업에 필요한 비용을 조성하기 위해 정관이 정한 대로 조합원에 대해 경비를 부과, 징수할 수 있다.

실시계획

(1) 실시계획 작성과 인가

- 시행자는 도시개발사업에 관한 실시계획[*]을 작성해야 하며, 실시계획에는 제1종 지구단위계획이 포함되어야 한다.
- 시행자는 작성된 실시계획에 대해 지정권자 인가를 받아야 한다.
- 지정권자가 실시계획을 작성하거나 인가하는 경우 국토교통부장관인 지정권자는 시·도지사 의견을, 시·도지사인 지정권자는 시장, 군수 등의 의견을 미리 경청한다.

(2) 실시계획 고시

- 지정권자는 실시계획을 작성하거나 인가한 때에는 관보 혹은 공보에 고시하고 시행자와 당해 도시개발구역을 관할하는 시장, 군수 등에게 관계 서류를 송부한다.
- 제1종 지구단위계획은 실시계획 작성 혹은 인가를 고시한 때에 제1종 지구단위계획으로 결정 및 고시된 것으로 인정한다.

---

* 실시계획(實施計劃) – 개발계획을 수립한 이후 개발사업의 시행자가 작성하는 계획. 부문별 공사 방법, 공사 진행 과정, 설계도서, 자금계획, 시행 기간 등 실질적인 공사 실행의 계획 등을 명시해 행정기관의 승인을 받아야 한다.

도시개발사업 역시 과거와 현재 사이에서 변수가 만연한데, 그 사이를 넓게 잡아 20년으로 본다. 왜냐하면 필자 생각에는 도시개발의 의미가 재개발의 다른 말로 들리기 때문이다. 그 과정이 순탄치 않다. 항상 잡음이 일어난다. 차제에 꼭 필요한 곳에서 개발이 이루어지는지 이해관계자는 개별적으로 정밀한 진단을 해야 한다. 마치 지구단위계획구역이 지정된 목적과 이유를 밝혀내듯 말이다.

지정된 것이 중요한 게 아니다. 지정된 이유를 알아야 한다. 가령 한 지역의 인구가 증가하는 것도 중요하나, 증가의 이유를 발견하는 것이 더 중요하다. 인구 증가 현상은 지속적이지 않을 수 있기 때문이다.

맹점과 실수 자체가 불안한 게 아니다. 맹점과 실수의 원인 발견을 끝까지 할 수 없다는 게 가장 큰 문제다. 실수의 원인을 발견했다면 큰 문제가 되지 않는다. 두 번 다시 똑같은 실수를 하지 않고 치유가 가능하기 때문이다.

부동산 시계에서 가장 큰 질병은 악순환의 반복이다. 예를 들어, 난개발은 예나 지금이나 마찬가지로 존치하고 있다. 난개발의 부작용은 준공 후 미분양과 같은 악성 미분양 증상이다. 악순환의 반복을 멈출 수 없는 것은 그 질병의 원인을 아직도 수년간 발견하지 못했기 때문이다. 혹은 알고도 일부러 치료를 하지 않는 것이다. 필자 생각으로는 후자가 더 큰 것 같다.

도시개발사업시행 방식

수용 혹은 사용 방식에 따른 사업시행

(1) 토지 수용 혹은 사용

첫째, 시행자는 도시개발사업에 필요한 토지를 수용 혹은 사용할 수 있다.

둘째, 토지 등의 수용 또는 사용에 대해 도시개발법에 특별한 규정이 있는 경우를 제외하고는 공익사업을 위한 토지 등의 취득 및 보상에 관한 법률을 준용한다.

셋째, 공익사업을 위한 토지 등의 취득 및 보상에 관한 법률을 준용함에 있어서 도시개발구역 지정 및 고시가 있거나 도시개발구역 지정에 관한 사항을 고시한 후 수용 또는 사용할 토지 등의 세목을 고시한 때는 공익사업을 위한 토지 등의 취득 및 보상에 관한 법률의 규정에 의한 사업인정 및 고시가 있는 것으로 인정한다.

(2) 채권발행

시행자는 토지 소유자가 원하는 경우에는 토지 등의 매수대금 일부를 지급하기 위해 사업시행으로 조성된 토지, 건축물로 상환하는 채권을 발행할 수 있다. 시행자는 토지상환채권*을 발행하고자 하는 때에는 토지상환채권 발행계획을 작성해 미리 지정권자 승인을 받아야 한다.

환지 방식에 따른 사업시행

(1) 환지계획 작성

시행자는 도시개발사업 전부 혹은 일부를 환지 방식에 의해 시행하고자 하는 경우에는 다음의 사항이 포함된 환지계획을 작성해야 한다.

- 환지 설계
- 필지별로 된 환지 명세
- 필지별과 권리별로 된 청산 대상 토지 명세
- 체비지 또는 보류지 명세

환지계획은 종전의 토지 및 환지 위치, 지목, 면적, 토질, 수리, 이용 상황 등을 종합적으로 검토해 정한다.

---

* 토지상환채권 – 도시개발사업시행으로 조성된 토지나 건축물로 토지의 매수대금을 갚도록 하는 채권. 토지 소유자가 원하는 경우 도시개발사업시행자가 발행할 수 있다.

(2) 환지계획 인가

첫째, 행정청이 아닌 시행자가 환지계획을 작성한 때 또는 인가받은 내용을 변경하고자 하는 경우에는 시장 등의 인가를 받아야 한다.

둘째, 행정청이 아닌 시행자가 환지계획 인가를 신청하고자 하거나 행정청인 시행자가 환지계획을 정하고자 하는 때에는 토지 소유자와 당해 토지에 대해 임차권*, 지상권 기타 사용 혹은 수익할 권리를 가진 자에게 이를 통지하고 관계 서류를 일반에게 공람시킨다.

셋째, 토지 소유자 혹은 임차권자 등은 공람 기간 내에 시행자에게 의견서를 제출할 수 있다. 시행자는 그 의견이 타당하면 환지계획에 반영한다.

(3) 환지계획 특칙

첫째, 토지 소유자 신청 혹은 동의가 있는 때에는 당해 토지의 전부 혹은 일부에 대해 환지를 정하지 않을 수 있다.

둘째, 시행자는 토지면적의 규모를 조정할 특별한 필요가 있는 때에는 면적이 작은 토지에 대해서는 과소 토지가 되지 않도록 면적을 증가해 환지를 정하거나 환지 대상에서 제외할 수 있다. 면적이 넓은 토지에 대해서는 면적을 감소해 환지를 정할 수 있다.

셋째, 시행자는 도시개발사업의 원활한 시행을 위해 필요시에는 토지 소유자 동의를 얻어 환지 목적인 토지에 갈음해서 시행자에게 처분할 권한이 있는 건축물 일부와 당해 건축물이 있는 토지의 공유지분을 부여할 수 있다.

---

* 임차권 – 임대차계약에 의해 임차인이 목적물을 사용, 수익할 수 있는 권리. 임차권의 성질은 임대인의 사용, 수익하게 할 채무에 대응하는 임차인의 사용, 수익청구권이라는 채권에 부수하는 일종의 권리다.

넷째, 법에 규정한 공공시설 용지에 대해서는 환지계획을 정할 때, 위치, 면적 등에 대해 도시개발법에서 정한 환지계획 기준을 적용하지 않을 수 있다.

다섯째, 시행자는 도시개발사업에 필요한 경비에 충당하거나 규약, 정관, 시행규정, 실시계획이 정하는 목적을 위해 일정한 토지를 환지로 정하지 않고 이를 체비지 혹은 보류지로 정할 수 있다.

부동산 공법 탐구 1
과소 토지

과소 토지는 면적이 너무 작은 토지를 의미해 환지 대상에서 제외할 수 있다. 환지가 되면 보통 절반 정도를 받지만, 가령 10평의 땅을 가진 자에게 5평을 환지하면 그 사람은 5평으로는 아무것도 할 수 없다. 건축이 불가능해 금전 보상이 이루어진다.

예) 원래 토지가 1,000평 있었는데, 청산하고 받은 토지가 600평이라면 감보율이 40%가 되는 것이다.

이처럼 감보율을 적용하고 받을 수 있는 토지를 권리면적이라고 한다. 이 권리면적이 과소토지면적 이상이 되어야 환지로 받을 수가 있다. 시행자는 토지면적의 규모를 조정할 특별한 이유가 있다면 면적이 작은 토지는 환지 대상에서 제외할 수 있다(도시개발법 제31조 제1항). 환지 방식은 체비지나 공공시설용지 때문에 필연적으로 감보가 되는 상황에서 과소 토지까지 모두 환지를 주는 것은 불가능한 일이기 때문이다.

부동산 공법 탐구 2
환지처분의 분류

· 증환지처분 - 기준면적을 초과해 환지를 지정하는 것

· 감환지처분 - 기준면적을 미달해 환지를 지정하는 것

· 입체환지처분 - 시행자가 토지 소유자 동의를 얻어 환지 목적인 토지에 갈음해 건축물 일부와 그 건축물이 있는 토지의 공유지분을 지정, 교부하는 환지처분

· 적응환지처분 - 종전 토지와 토지상에 있는 권리에 대해 위치, 면적, 토질, 이용 상황, 환경조건 등을 감안해 환지와 권리 목적이 되는 환지 부분을 지정하는 것. 즉 종전 토지와 토지 위에 지상권, 지역권, 임차권에 대해 위치, 면적, 이용 상황, 환경 등을 감안해 환지 및 지상권, 지역권, 임차권 등의 목적으로 된 환지를 말한다.

환지란 토지 소유자가 개발 과정에서 비용을 지불하는 대신 일정한 규모의 땅을 주는 것을 말한다. 개발 예정지 안에 땅을 가진 소유자가 일부를 사업자에게 내주고 나머지는 본인 의사에 따라 개발하게 된다. 적응환지처분이란, 환지처분의 한 유형으로 '환지면적과 권리면적이 동일'하기 때문에 별도 청산을 요하지 않는 전형적인 환지처분이다.

(4) 환지예정지

지정

시행자는 도시개발사업시행을 위해 필요한 때 도시개발구역 안의 토지에 대해 환지예정지를 지정할 수 있다.

효과

환지예정지가 지정된 경우, 종전 토지에 대한 토지 소유자 및 임차권자 등은 환지예정지 지정의 효력발생일부터 환지처분 공고가 있는 날까지 환지예정지 혹은 당해 부분에 대해 종전과 동일한 내용의 권리를 행사할 수 있다.

(5) 처분

첫째, 시행자는 환지 방식에 의해 도시개발사업에 대한 공사를 완료한 때에는 지체 없이 공고해야 한다. 공사 관계 서류를 일반 공람한다.

둘째, 도시개발구역 안의 토지 소유자 혹은 이해관계인은 공람 기간 내에 시행자에게 의견서를 제출할 수 있다.

셋째, 시행자는 공람 기간 내에 의견서의 제출이 없거나 제출된 의견서에 의해 필요한 조치를 한 때에는 지정권자에 의한 준공검사를 신청하거나 도시개발사업 공사를 완료해야 한다.

넷째, 시행자는 지정권자에 의한 준공검사를 받은 때에는 환지처분을 해야 한다.

다섯째, 시행자는 환지처분을 하고자 하는 때에는 환지계획에서 정한 사항을 토지 소유자에게 통지, 공고해야 한다.

여섯째, 시행자는 환지처분 공고가 있는 때에는 공고 후 관할 등기소에 통지한다. 토지와 건축물에 대한 등기를 촉탁, 신청해야 한다.

· 신도시개발 - 맹지개발

무에서 유를 창조하는 과정으로, 완성도 낮은 공간을 개발하므로 새로운 인구 유입을 유도한다.

· 도시개발 - 대지개발(대지 지분을 재생하는 과정).

유에서 유를 재창조하는 과정으로, 완성도 높은 공간을 개발해 기존 인구를 통해 조성 과정을 거친다.

신도시개발

위치, 입지 선정이 중요하다. 그래야 인구 유입이 수월하기 때문이다. 인구 유입으로 인해 녹지공간을 활용해 주거지역으로 용도변경 혹은 그린벨트 해제 통해 주거공간을 조성한다.

도시개발

신도시가 입지 선정이 중요하다면 도시개발은 원주민 재정착률이 중요하다. 용적률 상향 조정으로 개발의 타당성과 경제성을 확보한다. 도시 재활용을 확정한다. 거품 주입으로 원주민 입주가 힘들어진다.

신도시 및 도시개발구역이 수도권에 집중된 이유

100% 도시지역으로 구성된 서울의 위성도시가 꾸준히 증가하고 있으며, 인구 집중도가 갈수록 높아지고 있기 때문이다. 중첩 개발과 규제가 가능한 수도권정비계획법 적용 대상 지역이 바로 수도권이다.

'초저출산 초고령화 시대 굳이 아파트단지가 꼭 필요할까?' 상식적인 지각을 가지고 있는 현실주의자라면 이런 의문이 충분히 들 수 있다. 아파트 공급이 꾸준한 것은 신도시개발과 도시개발이 지속해서 이루어지고 있기 때문이다. 대의명분이 강한 편이다. 필자 생각에는 신도시의 필요성보다 도시개발의 필요성이 더 크다고 본다. 무병장수 시대, 도시가 오래되면 개인의 삶의 가치를 위해 도시 재생 과정을 거치지 않으면 안 되기 때문이다. 신도시개발 모토는 인위적·작위적·도식적인 면이 강한 반면, 도시개발은 순리에 순종하는 편이다. 신도시는 위정자의 개발 공약이거나 정권이 바뀔 때의 공약에 지나지 않아 보인다. 순리와 역행하고 있다. 그러나 도시개발은 순리를 따른다. 오래된 주거공간은 지역주인인 지역주민들의 삶의 질이 문제가 될 수 있기 때문이다. 도시개발공간이 행복의 공간으로, 의식주 중 주(住)가 주(主)로 거듭날 수 있는 기회가 도시개발 과정이다. 이유가 명약관화(明若觀火)한 게 도시개발이다. 전체 인구가 꾸준히 감소하는 가운데에서는 신도시개발은 가치보다는 사치에 근접하다고 본다. 신규 투자자를 모집하는 공간으로밖에 안 보인다. 이미 빈집은 많다. 단독주택, 빌라 등 작은 주택이 널브러져 있다. 아파트만 집인 것이 아니다. 하지만 인식의 대전환이 없는 한 대한민국의 부동산 선진 복지 국가는 영원히 이룰 수 없다.

절대로 변할 수 없는 도시개발의 주목적(대의명분)은 첫째, 물리적 안전성을 위해, 둘째, 주민 삶의 안락과 질적가치의 보지를 위해서다. 신도시개발 목적은 철없어 보이나, 도시개발은 보편타당하다. 합리적이다. 신도시개발 추진에 신경 쓸 게 아니라, 국가는 갈수록 원주민 재정착률이 낮아지고 있는 도시개발에 집중해야 한다. 경제성과 사업성의 이유로 주변에 오래된 주택가의 물리적 안전성을 위협받는 경우가 태반이다. 100% 도시지역으로 구성된 서울은 도시개발이 중심, 핵심 프로젝트이며 신도시는 경기도 외곽지대에 집중적으로 배치되었다. 서울 거품을 벗어나기 위해 경기도를 어쩔 수 없이 선택한다. 악순환의 반복이다. 경기도 인구가 급증할 때 서울 인구는 급감한다. 거품으로 인한 양극화 현상은 계속 이어질 것이다.

신도시개발과 도시개발의 차이는 지리와 자리의 차이다. 지리(국토지리)는 환경적 요소가 강하나, 자리는 입지와 연동한다(자리 확보). 거리상의 차이로 점철된다. 모양새로 따진다면 지리(地理)는 마치 역세권의 간접역세권 모습이요, 자리는 어김없이 직접 역세권 모습이리라.

부동산 공법 탐구 4
역세권 도시개발과 관련된 사안(사례) 인지

역세권 투자에 실패하는 이유가 있다. 역세권 투자자 중에 착각하는 경우가 있기 때문이다. 역세권이 정답이라는 생각이 문제. 역세권은 정답이 아니다. 역세권이라고 해서 무조건 모두가 돈이 되는 게 아니기 때문이다. 역세권의 용도가 다르기 때문이다. 희소성 높은 환승역세권 용도도 다르다.

역세권 용도가 다른 이유

첫째, 특별시, 광역시, 대도시 등의 지역 성질이 다 다르다. 그에 상응하는 역세권이 개발된다.
둘째, 수도권정비계획법(자연보전권역, 성장관리권역, 과밀억제권역)에 의해 입지와 품격이 결정된다.
셋째, 인구 규모와 인구 변화에 의해 결정된다.

역세권 용도가 똑같은 경우는 없다. 따라서 역세권이라고 해서 무조건 비싼 가격에 매수할 이유가 없다. 예컨대 원시역, 대곡역, 신도림역, 초지역, 서울역, 인천역 등 수도권을 대표하는 환승역세권의 성격이 다 판이하다.

예시)

원시역의 용도
· 지목 - 도로
· 면적 - 122,551㎡
· 개별공시지가 - 456,600원
· 보전녹지지역, 일반공업지역, 일반상업지역, 자연녹지지역, 준공업지역
· 지구단위계획구역, 국가산업단지(반월국가산업단지)<산업 입지 및 개발에

관한 법률>
· 재생사업지구(반월국가산업단지 재생사업지구)<산업 입지 및 개발에 관한 법률>
· 공공시설구역<산업 집적활성화 및 공장 설립에 관한 법률>

대곡역의 용도

· 지목 - 철도용지
· 면적 - 11,365㎡
· 개별공시지가 - 57,100원
· 자연녹지지역, 개발제한구역<개발제한구역의 지정 및 관리에 관한 특별조치법>
· 농업진흥구역<농지법>, 도로구역(74호선)<도로법>
· 토지거래계약에 관한 허가구역((2021-05-26) 대곡역세권 개발사업)

신도림역의 용도

· 지목 - 철도용지
· 면적 - 1,471㎡
· 개별공시지가 - 1,434,000원
· 제2종일반주거지역, 지구단위계획구역(2016-12-01)
· 육군수도방위사령부(관할)<군사기지 및 군사시설보호법>
· 철도보호지구<철도안전법>

초지역의 용도

· 지목 - 철도용지
· 면적 - 1,231㎡
· 개별공시지가 - 285,100원
· 자연녹지지역, 철도보호지구, 도시교통정비지역<도시교통정비촉진법>

서울역의 용도

· 지목 - 철도용지

· 면적 - 98,874㎡
· 개별공시지가 - 3,450,000원
· 일반상업지역, 제2종일반주거지역, 제3종일반주거지역
· 방화지구(폐지입안), 지구단위계획구역(2024-04-04)(특별계획구역)
· 지구단위계획구역(용산지구)
· 역사문화환경보존지역<문화유산의 보존 및 활용에 관한 법률>
· 도시관리계획 입안 중(2024-02-23)(지구단위계획구역(변경입안중))

인천역의 용도
· 지목 - 철도용지
· 면적 - 39,755㎡
· 개별공시지가 - 264,300원
· 제2종일반주거지역(2016-12-19), 준공업지역(2019-07-31)
· 입지규제최소구역(2016-07-29)
· 특별관리해역(시화호-인천연안(2007.04.16.))<해양환경관리법>
· 건축용도지역기타(2019-01-30)(건축선 2m(11층 이상인 건축물은 3m))<건축법>

역세권 형태를 보면 마치 사람의 열 손가락과 같아서 똑같은 기능의 용도를 찾아볼 수가 없다. 각기 개성이 다르다 보니 가치 차이가 있다. 마치 지자체마다 다 개성이 다르듯 역세권 역시 각기 개성이 있다. 지자체의 성격이 판이하다 보니 조례(자주법)가 생존, 존속하는 것이리라.

대한민국 역세권이 거품 1번지인 이유는 역세권 공사 지연이 습관적으로 이루어지고 있기 때문이다. 서해선 복선전철의 경우 여러 차례 지연되었는데, 문제는 지연(연장)되면서 그사이에 거품이 잔뜩 주입되었다.

연장에는 2가지가 있다. 시간 연장도 있지만 역 역장, 즉 역이 추가되는 경우도 있다. 향남역 일대는 신안산선과 연동할 예정이다. 국제테마파크역이나 삽교역은 추가된 역으로 인정받을 만하다.

연장과 지연으로 인해 거품이 주입되면 지주들 입장에서는 좋겠지만 되팔 때 사는 사람 입장에서는 부담이 크다. 역세권의 가장 큰 맹점은 강제수용의 우려와 거품이다. 역세권이라는 이유로 무조건 거품이 심하다. 수용과 거품에서 벗어나기 위해서는 직접역세권에 돈을 투입하기보다는 그 주변가치인 간접역세권에 돈을 투여하는 게 리스크가 작다. 수용과 거품에서 벗어날 수 있는 기회다.

용도의 차이, 거품과 수용, 그리고 공사 지연 등의 변수 작용이 바로 역세권 투자의 성공과 실패의 요인이다. 이런 요인들을 견지할 수 없다면 실패 확률이 높다. 즉 역세권 투자의 실패가 많은 것은 역세권의 다변화 때문이다. 변수가 심하다. 역세권의 출구 기능(힘)도 다 다르다. 역세권 정문과 후문의 차이는 크다. 가치가 달라 가격 차이도 심하다. 요컨대 역세권 투자 실패 원흉은 2가지로 점철된다. 출구의 다른 힘과 용도가 판이하다는 점이다. 그리고 변수가 또 있다. 누구나 기대하는 역세권 관련 2차 도시개발 과정이다. 2차 정비작업과 그 과정은 화려하다. 화력 또한 세다. 이 과정도 장기간 소요된다. 계획과 기획 과정, 그리고 공사 과정 등이 너무도 길고 지루하다. 마치 재개발 과정처럼 말이다. 그 속에서 거품은 주입된다.

역세권 거품의 요인은 첫째, 예고 없이 지연되는 공사 기간, 둘째, 2차 도시개발 과정이다. 공사 지연으로 인해 장기간 거품이 주입된다. 지연 중에는 투자자들도 급증한다. 역세권 땅이 무조건(!) 비싼 이유이리라. 역세권과 아파트단지, 2가지 키워드는 부동산 거품 공화국의 이미지 강화에 지대한 영향력을 행사하고 있는데, 차제에 전체 인구가 줄고 있는 가운데 그 필요성에 대한 각성과 이미지 제고를 요구, 촉구하는 바이다.

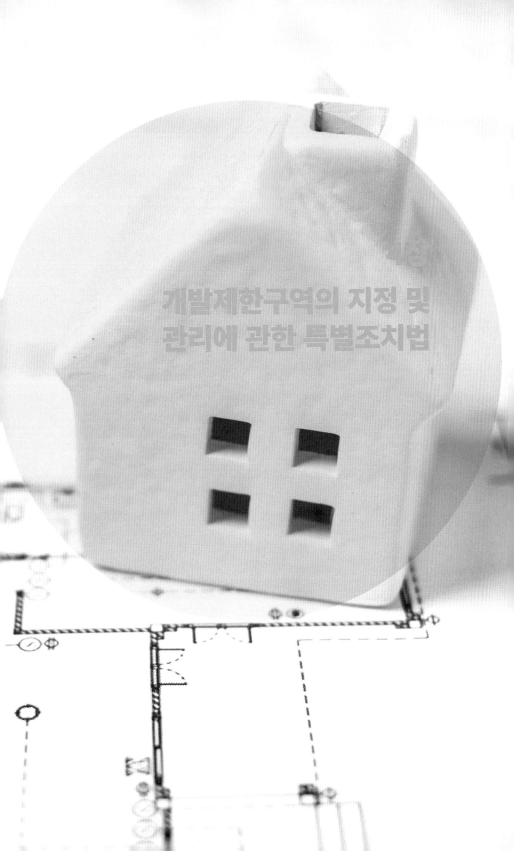

4장

개발제한구역의 지정 및
관리에 관한 특별조치법

 정의

목적과 책무

(1) 제정 목적

- 국토의 계획 및 이용에 관한 법률의 규정에 의한 개발제한구역의 지정
- 개발제한구역에서의 행위 제한, 주민에 대한 지원, 토지의 매수 기타 개발제한구역의 효율적인 관리를 위해 필요사항 규정
- 도시의 무질서 확산을 방지하고 주변 환경을 보전

(2) 책무

국민은 개발제한구역이 훼손되지 않도록 제대로 이용해야 한다. 자연의 보지와 건강 상태에 집중해야 한다. 결국 개발제한구역과 같은 규제는 '현재의 존재가치'를 꾸준히 보전하는 것이다. 지속성을 법으로 유지하는 것이다. 다만 지속성을 유지하되, 영원불변을 기대하는 것은 아니다. 지속과 불변은 사뭇 다른 의미이기 때문이다.

부동산 공법 탐구
규제 정책의 존재가치와 목적

단기 규제 정책의 존재가치와 목적은 가격 유지(예 : 투기지역 지정), 현재의 가격 상태를 보호한다. 규제를 통해 가격거품을 막는 것이다. 장기규제 정책의 존재가치와 목적은 현재가치의 유지(예 : 상수원보호구역 지정) 및 보호다. 규제를 통해 난개발을 막는 것이다. 그럼으로써 미분양과 미입주 현상, 공실 등을 방어할 수 있는 것이다. 단기와 장기 규제가 가는 방향과 목표 지점은 다르다. 하나는 가격에, 하나는 가치에 지배당한다. 가치와 가격이 반드시 정비례할 수가 없는 이유다. 거품 증상이 나타나는 것은 가성비가 낮아서인데, 가치와 가격이 반비례했을 때 거품이 심하게 일어나는 것이다. 가격담합행위는 가격과 가치가 반비례했을 때 발생하는 화마다.

제정 근거와 골자

(1) 제정 근거

개발제한구역 지정은 재산권 형성적 법률 유보에 의해서 보장되는 재산권의 특성과 토지재산권의 사회기속성에 비추어 정당성이 인정되는 합헌적 행위다. 그러나 예외적으로 토지를 종래 목적으로 사용할 수 없거나 법적으로 허용된 토지 이용 방법이 없어 실질적으로 토지의 사용 및 수익의 길이 막혀버린 경우에는 토지 소유자가 수인해야 하는 사회적 제약의 한계를 넘는 것이기에 적정한 보상 규정이 없으면 위헌이다.

(2) 주요 골자

- 개발제한구역의 관리계획의 수립
- 개발제한구역의 지정근거 및 절차를 국토의 계획 및 이용에 관한 법률에서 분리
- 개발제한구역의 행위허가의 근거와 허용범위 등의 규정 및 행위 제한 완화
- 취락지구의 지정 및 건축규제 완화
- 주민지원사업시행 및 취락지구 내 주택 건축 시 국민주택기금(주택도시 기금*) 소요자금의 우선 지원
- 매수 청구 및 매수협의제 도입
- 개발제한구역의 지나친 개발을 방지하기 위한 개발제한구역 훼손 부담금(2009년부터 개발제한구역 보전부담금으로 명칭 변경)의 부과 및 징수

---

* 주택도시기금 – 1981년 7월 20일 설치된 기금. 도입 당시에는 국민주택기금이라는 이름이었지만 2015년 1월 주택도시기금으로 개칭했다. 주택도시기금은 국토교통부장관이 정책 총괄하고 있고 주택도시보증공사에서 위탁받아 운용, 관리하고 있다.

개발제한구역의 지정 및 해제

지정 목적과 기준

(1) 지정 목적

다음의 경우, 국토교통부장관은 개발제한구역의 지정 및 해제를 '도시 관리계획'으로 결정할 수 있다.

첫째, 도시개발을 제한할 필요가 있는 경우다.

둘째, 보안상의 도시개발을 제한할 필요가 있는 경우다.

셋째, 개발제한구역과 자연녹지지역은 함께 존속하는 경우가 있지만, 그 속성이 비슷한 경우도 있다. 가령 주거인구의 꾸준한 증가로 인해 훼손 정도가 갈수록 심해진다면 보호 위주의 개발이 시급하다. 이런 측면에서는 개발제한구역과 자연녹지지역의 존재감은 같다. 인구의 증가로 인해 불가피한 개발을 인공적으로 절대 막을 수가 없기 때문이다. 즉, 그린벨트를 풀어 그 공간에 주거시설을 짓고, 자연녹지지역을 일반주거지역으로 용도변경해서 그 공간에 주거시설을 짓는다.

(2) 지정 기준

개발제한구역의 지정 및 해제 기준은 인구, 산업, 교통, 토지 이용의 상태 등과 연동한다. 자연환경의 여건과도 연동한다.

지정 대상지역은 다음과 같다.

첫째, 난개발이 의심되거나 서로 인접한 도시의 시가지로의 연결을 방지하기 위해 개발을 제한할 필요가 있는 지역이다.

둘째, 도시 주변의 자연환경과 생태계를 보전하고 도시민의 정신적, 육체적 건강을 확보하기 위해 개발을 제한할 필요가 있는 지역이다.

셋째, 국가 보안상 개발을 제한할 필요가 있는 지역이다.

넷째, 도시의 존재가치 확보와 적정한 성장관리를 위해 개발을 제한할 필요가 있는 지역이다.

(3) 지정 해제

첫째, 환경평가 결과 보지의 가치가 낮거나 도시용지의 적절한 공급을 위해 필요한 지역일 경우다.

둘째, 주민이 집단적으로 거주하는 취락지구로, 주거환경개선과 취락정비가 필요한 지역일 경우다.

셋째, 토지 이용 합리화가 필요한 지역(도시기반시설 설치와 시가화 면적 조정)일 경우다.

넷째, 지정 목적이 완수되어 더 이상 개발제한구역으로 유지할 이유가 없는 경우다.

다섯째, 도로, 철도, 하천개수로 등의 공공시설 설치로 인해 생긴 3,000㎡ 미만의 소규모 단절 토지일 경우다.

개발제한구역의 지정 등에 관한 도시관리계획

(1) 도시관리계획의 입안

입안자

개발제한구역의 지정 및 해제에 관한 도시관리계획은 당해 도시지역을 관할하는 특별시장, 광역시장, 시장, 군수가 입안한다. 다만, 국가계획과 관련된 경우에는 국토교통부장관이 직접 혹은 관계중앙행정기관의 장의 요청에 따라 관할 시·도지사, 시장, 군수의 의견을 경청한 후 도시관리계획을 입안할 수 있다. 국토의 계획 및 이용에 관한 법률의 규정에 의한 광역도시계획과 관련된 경우 도지사가 직접 혹은 관할 시장이나 군수 요구에 의해 관할 시장 혹은 군수 의견을 경청한 후 도시관리계획을 입안할 수 있다.

입안 기준

도시관리계획은 국토의 계획 및 이용에 관한 법률의 규정에 의한 도시기본계획 또는 광역도시계획에 부합되도록 입안해야 한다.

(2) 도시관리계획의 결정

첫째, 국토교통부장관은 도시관리계획을 결정하고자 하는 때에는 관계중앙행정기관의 장과 미리 협의해야 한다.

둘째, 국토교통부장관은 도시관리계획을 결정하고자 하는 때에는 국토의 계획 및 이용에 관한 법률의 규정에 의한 중앙도시계획위원회 심의를 거친다.

셋째, 국토교통부장관은 국방상 기밀을 요한다고 인정되는 때에는 도시관리계획의 전부 혹은 일부에 대해 협의 및 심의절차를 생략할 수 있다.

넷째, 국토교통부장관은 도시관리계획을 결정할 때에는 이를 고시하고 관계 서류를 일반이 공람하게 해야 한다.

(3) 도시관리계획에 관한 지형도면의 고시

첫째, 특별시장, 광역시장, 시장, 군수는 도시관리계획결정의 고시가 있는 때에는 도시지역 안의 토지에 대해 지적이 표시된 지형도에 도시관리계획사항을 명시한 도면을 작성한다.

둘째, 시장 혹은 군수는 지형도면을 작성한 때에는 도지사 승인을 얻어야 한다. 지형도면의 승인신청을 받은 도지사는 그 지형도면[*]과 결정 및 고시된 도시관리계획을 대조해 착오가 없다고 인정되면 그 지형도면을 승인해야 한다.

셋째, 국토교통부장관은 도시관리계획을 직접 입안한 때에는 관계 특별시장, 광역시장, 시장, 군수의 의견을 들어 직접 지형도면을 작성할 수 있다.

넷째, 국토교통부장관은 직접 지형도면을 작성하거나 지형도면을 승인한 때에는 이를 고시하고 관계 특별시장 등에게 관계 서류를 송부한다. 관계 서류를 송부받은 특별시장 등은 이를 일반이 공람하게 해야 한다.

---

[*] 지형도면 — 지적이 표시된 지형도에 지역, 지구 등을 명시한 도면을 지형도면이라고 하며, 지형도면 또는 지적도 등에 지역, 지구 등을 명시한 도면을 지형도면 등이라고 한다. 지역, 지구 등을 지정하는 경우에는 토지 이용규제 기본법에 따라 지형도면 등을 작성해 관보 혹은 공보에 고시해야 하며, 지역·지구 등의 지정효력은 지형도면 등의 고시를 함으로써 발생한다.

개발제한구역의 관리

개발제한구역의 관리계획

(1) 관리계획의 수립

개발제한구역을 관할하는 특별시장, 광역시장, 도지사는 개발제한구역을 종합적으로 관리하기 위해 다음 사항이 포함된 개발제한구역 관리계획을 수립해 국토교통부장관의 승인을 받아야 한다.

- 개발제한구역의 관리의 목표와 기본 방향
- 개발제한구역의 현황과 실태조사
- 개발제한구역의 토지 이용과 보전
- 개발제한구역 안에서 국토의 계획 및 이용에 관한 법률에 의한 도시 계획시설의 설치
- 개발제한구역에서 대통령령으로 정한 규모 이상의 건축물 건축과 토지 형질변경
- 취락지구의 지정과 정비

- 주민지원사업
- 개발제한구역의 관리와 주민지원사업에 필요한 재원 조달 및 운용

개발제한구역이 2 이상의 특별시, 광역시, 도에 걸치는 경우에는 관계 시·도지사가 공동으로 관리계획을 수립하거나 협의에 의해 관리계획을 수립할 자를 정한다. 이 경우, 협의가 성립되지 아니한 때에는 국토교통부장관이 관리계획을 수립할 자를 지정한다.

(2) 수립 절차

수립 → 의견 청취 → 협의 → 심의 → 승인 → 정책평가

먼저, 시·도지사가 관리계획을 수립하고자 하는 때에는 미리 시장, 군수, 구청장의 의견을 듣고, 국토의 계획 및 이용에 관한 법률의 규정에 의한 지방도시계획위원회 심의를 거친다. 시장, 군수, 구청장이 관리계획에 대한 의견을 제시하고자 하는 경우에는 미리 주민 의견을 경청한다.

국토교통부장관은 관리계획 수립 및 변경에 관한 승인을 하고자 하는 때에는 관계중앙행정기관의 장과 협의한 후 국토의 계획 및 이용에 관한 법률의 규정에 의한 중앙도시계획위원회 심의를 거친다. 또한, 시·도지사는 관리계획 수립 및 변경에 대한 승인을 얻은 때에는 이를 공고한 후 일반인이 열람할 수 있도록 한다. 시·도지사, 시장, 군수 등은 건축물, 공작물의 설치허가, 토지 형질변경 허가, 취락지구 지정 및 주민지원사업의 시행 등 개발제한구역을 관리할 때에는 관리계획에 위반해서는 안 된다.

개발제한구역에서의 행위 제한

(1) 금지사항

- 건축물 건축 및 용도변경
- 공작물 설치
- 토지 형질변경
- 죽목 벌채
- 토지 분할
- 물건을 쌓아놓는 행위
- 국토의 계획 및 이용에 관한 법률에서 정한 도시계획사업시행

(2) 허가사항

다음에 해당하는 행위를 하고자 하는 자는 시장, 군수, 구청장 허가를 받고 행할 수 있다.

첫째, 다음에 해당하는 건축물 혹은 공작물로서 대통령령이 정한 건축물 건축 또는 공작물 설치와 이에 따르는 토지 형질변경

- 도로, 철도, 상하수도 등 공공용시설
- 축사, 창고 등 농림수산업을 영위하기 위한 건축물과 공작물
- 주택과 근린생활시설
- 농로, 제방, 마을회관 등 개발제한구역의 주민이 공동으로 이용하는 시설
- 실외체육시설
- 휴양림, 수목원 등 도시민의 여가 활용을 위한 시설
- 국방, 군사에 관한 시설
- 학교, 폐기물 처리시설, 전기공급시설 등 공익시설

둘째, 개발제한구역 안의 건축물로서 지정된 취락지구 안으로의 이축

셋째, 공익사업을 위한 토지 등의 취득 및 보상에 관한 법률에 의한 공익사업의 시행으로 인해 철거된 건축물의 이축을 위한 이주단지 조성

넷째, 건축물의 건축을 수반하지 않는 토지의 형질변경으로서 영농을 위한 경우 등 대통령령이 정한 토지의 형질변경

다섯째, 벌채면적 500㎡ 혹은 벌채 수량 5㎥ 이상의 죽목 벌채

여섯째, 분할된 후 각 필지 면적이 200㎡ 이상인 토지 분할

(3) 신고사항

주택과 근린생활시설의 대수선 등 다음의 경미한 행위는 시장, 군수, 구청장에게 신고하고 이를 행할 수 있다.

- 주택 및 근린생활시설로서 다음에 해당하는 증축, 개축, 대수선
- 기존면적을 포함한 연면적 합계가 100㎡ 이하인 경우
- 증축, 개축, 대수선되는 연면적 합계가 85㎡ 이하인 경우

- 농림수산업용 건축물 혹은 공작물로서 다음에 해당하는 경우의 증축, 개축, 대수선
- 증축, 개축, 대수선되는 건축면적 혹은 바닥면적 합계가 50㎡ 이하인 경우
- 축사, 동물사육장, 버섯재배사, 퇴비사 및 온실의 기존면적을 포함한 연면적 합계가 200㎡ 미만인 경우
- 창고의 기존면적을 포함한 연면적 합계가 100㎡ 미만인 경우

- 근린생활시설 상호 간의 용도변경

- 벌채면적 300㎡ 이상 500㎡ 미만 혹은 벌채 수량 $3㎥$ 이상 $5㎥$ 미만의 죽목 벌채
- 문화재 조사 및 발굴을 위한 토지 형질변경
- 생산품 보관을 위한 임시가설천막 설치
- 지반 붕괴 기타 재해 예방 또는 복구를 위한 축대, 옹벽, 사방시설 등의 설치

존속 중인 건축물 및 취락지구에 대한 특례

취락지구는 지구단위계획구역의 표상과 허상 사이에 있어 그 존재가치가 모호할 정도다. 이를테면 개발제한구역의 집단취락지구는 그린벨트 해제보다는 현실적이지만, 크게 인정받지 못한 상태라 이렇게 표현한 것이다. 어리석게도 사람들은 오로지 해제에만 집중한다. 완화나 조정에는 관심이 없다. 이것이 그린벨트 투자에 실패하는 원흉이다.

존속 중인 건축물 등에 대한 특례

시장, 군수, 구청장은 법령의 개폐 기타 다음의 사유로 인해 사유 발생 당시의 건축물 등이 법 규정에 적합하지 않은 경우에는 건축물 등의 설치를 허가할 수 있다.

- 도시관리계획의 결정, 변경 혹은 행정구역의 변경이 있는 경우
- 도시계획시설의 설치 혹은 도시개발법에 의한 도시개발사업의 시행

이 있는 경우

- 특정건축물정리에 관한 특별조치법(이 법은 현행이 아님)에 의해 준공검
  사필증을 교부받았거나 사용승인서를 교부받은 경우
- 도시 및 주거환경정비법에 의한 주거환경개선사업의 준공인가증을
  교부받은 경우
- 공유토지 분할에 관한 특례법(이 법은 현행이 아님)에 의해 분할된 경우

시장, 군수, 구청장은 존속 중인 건축물 등이 법령의 제정, 개정이나 위
의 경우로 인해 법령에 부적합하더라도 다음에 해당하는 건축을 허가할
수 있다.

- 건축물의 재축, 개축, 대수선
- 증축하고자 하는 부분이 건폐율, 용적률 등 법령 규정에 적합한 경우
  의 증축

취락지구에 대한 특례

(1) 취락지구의 지정

시·도지사는 개발제한구역 안에 주민이 집단적으로 거주하는 취락을
국토의 계획 및 이용에 관한 법률의 규정에 의한 취락지구로 지정할 수
있다.

(2) 지정 기준과 정비

취락을 구성하는 주택의 수, 단위면적당 주택의 수, 취락지구의 경계설

정 기준 등 취락지구의 지정 기준은 다음과 같다.

- 취락을 구성하는 주택 수가 10호 이상일 것
- 호수밀도(戶數密度)*가 10호 이상일 것**
- 취락지구 경계설정은 도시계획 경계선, 다른 법률에 의한 지역·지구 및 구역의 경계선, 도로, 하천, 임야, 지적경계선 기타 자연적 혹은 인공적 지형지물을 이용해 설정한다.

주택 수는 국토교통부령이 정하는 기준에 따라 산정한다.

시·도지사, 시장, 군수 등은 취락지구에서 주거환경을 개선하고 기반시설을 정비하기 위한 취락지구정비사업을 시행할 수 있다. 취락지구정비사업을 시행할 때에는 취락지구를 제1종 지구단위계획구역으로 지정하고 취락지구의 정비를 위한 제1종 지구단위계획인 취락지구정비계획을 수립해야 한다. 취락지구의 지정, 취락지구정비사업의 시행 및 취락지구정비계획의 수립에 관해 필요한 세부사항은 국토교통부령으로 정한다.

취락지구에서의 건축물 용도, 높이, 연면적, 건폐율에 대해서는 개발제한구역에 관한 규정에 불구하고 따로 대통령령으로 정한다.

---

* 호수밀도 – 취락지구 1만㎡당 주택의 수

** 호수밀도를 5호 이상으로 할 수 있는 경우 – 상수원보호구역에 해당하거나 이축 수요를 수용할 필요가 있는 등 지역 특성상 필요한 경우, 시도지사는 취락지구의 지정면적, 취락지구의 경계선 설정, 취락지구 정비계획의 내용에 대해 도시계획조례가 정한 규정에 의해 호수밀도를 5호 이상으로 정할 수가 있다.

주민지원사업과 토지 매수 과정

주민지원사업

(1) 주민지원사업의 시행

시장, 군수 등은 관리계획에 따라 개발제한구역 주민의 생활 편익과 복지 증진을 위한 자원사업을 시행할 수 있다.

(2) 세부 내역

생활 편익사업

도로, 공원, 상하수도, 소하천, 구거, 오수처리시설, 고속정보통신망 등 도시기반시설의 설치, 정비 및 이와 관련된 부대사업

복지증진사업

마을회관, 어린이놀이터 등의 설치, 정비 및 이와 관련된 부대사업

연구 및 조사사업

개발제한구역에서 해제되는 지역의 계획적 개발을 유도하기 위한 지구단위계획 수립사업

(3) 주민지원사업 소요비용의 지원

국토교통부장관은 토지 관리 및 지역균형 개발 특별회계*(이 법은 현행이 아님)에서 주민지원사업에 소요되는 비용을 지원할 수 있다.

국토교통부장관은 지정된 취락지구 안에 건설하는 주택에 대해서는 주택법에 의한 국민주택기금(주택도시기금)을 우선해 지원할 수 있다.

토지 매수 과정

(1) 토지 매수 청구

매수 청구권자

개발제한구역 지정으로 인해 개발제한구역 안의 토지를 종래의 용도로 사용할 수 없어 그 효용이 감소된 토지 혹은 토지 사용 및 수익이 불가능한 토지 소유자로서 다음에 해당하는 자는 토지 매수 청구가 가능하다.

- 개발제한구역 지정 당시부터 토지를 계속 소유한 자
- 토지 사용 및 수익이 불가능하게 되기 전에 토지를 취득해 계속 소유한 자
- 토지를 상속받아 계속 소유한 자

---

* 토지 관리 및 지역균형 개발 특별회계법 - 토지 관리를 원활하게 하고 지역균형 개발을 효율적으로 추진하고자 토지 관리 및 지역균형 개발 특별회계를 설치하고 그 운영에 관한 사항을 규정하기 위해 제정한 법(1989. 12. 30 법률 제4176호)으로, 2004년 1월 16일 국가균형발전특별법(법률 제7061호)의 제정으로 2005년 1월 1일 폐지되었다.

판정 기준

규정에 의해 매수 청구를 받은 토지가 다음 기준에 해당하는 때에는 매수해야 한다.

- 종래의 용도대로 사용할 수 없어 그 효용이 감소된 토지
- 사용 및 수익이 불가능한 토지 : 개발제한구역에서의 행위 제한과 존속 중인 건축물 등에 관한 특별규정에 의한 행위 제한으로 토지의 사용 및 수익이 불가능한 것

(2) 매수 청구 절차

매수가격

매수 대상 토지를 매수하는 가격은 지가공시 및 토지 등의 평가에 관한 법률*(이 법은 현행이 아님)에 의한 공시지가를 기준으로 토지의 위치, 형상, 환경, 이용 상황 등을 고려해 평가한 금액으로 한다.

매수 절차

토지 매수를 청구하고자 하는 자는 토지 매수 청구서 등 국토교통부령이 정한 서류를 국토교통부장관에게 제출해야 한다. 매수 청구를 받은 경우 국토교통부장관은 매수 대상 토지가 매수 기준에 해당되는지 확인하고 매수 대상 여부 및 매수 예상가격을 매수 청구인에게 통보해야 한다.

---

* 부동산 가격 공시 및 감정평가에 관한 법률 – 1989년 지가공시 및 토지 등의 평가에 관한 법률로 제정한 뒤 5차례 개정을 거쳐 2005년 1월 현재의 명칭으로 전문개정되었다(전문개정 2005. 1. 14. 법률 제7335호).

매수 예상가격은 매수 청구 당시의 개별공시지가로 한다. 국토교통부 장관은 매수 예상가격을 통보한 때에는 감정평가업자에게 대상 토지에 대한 감정평가를 의뢰해 매수가격을 결정하고 매수 청구인에게 통보한다. 매수한 토지는 토지 관리 및 지역균형 개발 특별회계법(이 법은 현행이 아님)에 의한 토지 관리 및 지역 균형 개발특별회계의 재산으로 귀속한다.

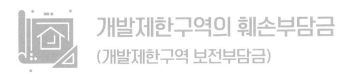

개발제한구역의 훼손부담금
(개발제한구역 보전부담금)

국토교통부장관은 개발제한구역의 훼손을 억제하고 개발제한구역 관리를 위한 재원 확보를 위해 허가를 받고 할 수 있는 행위 규정 혹은 존속 중인 건축물에 대한 특례에 의한 허가를 받은 자에 대해서는 개발제한구역훼손부담금*을 부과 및 징수한다.

부담금 감면 대상

다음에 해당하는 목적을 위해 토지의 형질변경을 하는 경우에는 부담금 감면 대상이다.

---

* 개발제한구역 훼손부담금 – 토석 및 골재 채취, 건축물 부설주차장 설치, 골프장 설치 등 대규모 개발사업에는 훼손부담금이 100% 부과되지만, 개발제한구역 주민의 주거, 생활 편익, 생업을 위한 시설 및 영농을 위한 행위에 대해서는 전액 감면되기 때문에 실제 주민 부담은 없다. 2009년부터 개발제한구역 훼손부담금은 개발제한구역 보전부담금제도로 그 명칭이 변경되었다.

- 개발제한구역 주민의 주거 및 생업을 위한 시설의 설치와 영농
- 국가안보상 필요한 시설 등 국가와 지방자치단체가 직접 행하는 공공용시설과 공용시설 설치

감면의 종류

(1) 전액 감면

- 농림수산업용시설, 근린생활시설, 주민공동이용시설의 설치를 위한 토지의 형질변경
- 농림수산업을 위한 개간 혹은 초지 조성
- 경작 중인 농지의 환토, 객토용 토석의 채취, 개간
- 농로, 임도의 설치를 위한 토지의 형질변경
- 논을 밭으로 변경하기 위한 토지의 형질변경
- 개발제한구역 안에서 공익사업을 위한 토지 등의 취득 및 보상에 관한 법률에 의한 공익사업의 시행으로 인해 철거된 분묘의 이장을 위한 토지의 형질변경
- 기존 공동묘지를 그 묘역 범위 안에서 공설묘지로 정비하기 위한 토지의 형질변경
- 농업용 소류지와 농업용수공급시설의 설치를 위한 토지의 형질변경
- 주택 혹은 근린생활시설 및 주민공동이용시설 중 마을공동목욕탕, 마을공동작업장, 마을공동회관, 공동구판장, 공판장, 일반목욕장의 진입로 설치를 위한 토지의 형질변경
- 개발제한구역 지정 이전부터 방치된 광업 폐기물, 폐석, 광물 찌꺼기 제거를 위한 토지의 형질변경

- 지정된 취락지구를 정비하기 위한 사업의 시행에 필요한 토지의 형질 변경
- 건축물이 철거된 토지 및 인접 토지를 녹지로 조성하기 위한 토지의 형질변경
- 주민지원사업시행을 위한 토지의 형질변경
- 공익사업을 위한 토지 등의 취득 및 보상에 관한 법률에 의한 공익사 업의 시행으로 인해 철거된 건축물의 이축을 위한 이주단지 조성에 필요한 토지의 형질변경

(2) 100분의 50 감면

- 공공용시설, 국방 관련 시설, 학교 등 공익시설 설치를 위한 토지 형 질변경
- 도시공원법*에 의한 도시공원을 조성하기 위한 토지 형질변경

(3) 100분의 30 감면

- 학교 등 공익시설 설치를 위한 토지 형질변경
- 증축 시 토지의 형질변경 허용시설 중 일부 해당 시설의 설치를 위한 토지 형질변경

---

* 도시공원 및 녹지 등에 관한 법률 – 도시공원의 설치 및 관리에 관한 사항을 규정하기 위해 1980년 1월 4일에 도시공원법으로 제정되었고, 2005년 3월 31일 도시공원 및 녹지 등에 관한 법률(법률 제7476호)로 법제명 변경 및 전면 개정되었다.

토지 사기사건에서 가장 많이 불거진 것이 바로 그린벨트에 관한 해제 사안이다. 주택 사기사건에서 벌어지는 것은 아니다. 완성물(지상물)과 미완성물의 차이다. 내 집 인근의 그린벨트는 힐링 공간으로 제격이기 때문이다. 문제는, '해제'될 것이라는 허무맹랑한 호언장담과 자신감이다. 이 자신감은 불투명하다. 공부(공적서류)를 통해 확인할 수 있는 길은 완화뿐이기 때문이다. 예를 들어, 토지 이용계획확인원에 집단취락지구로 지정되었다면 사람 접근이 용이한 곳으로 땅이든 집이든 상관없이 '완화지역'으로 확정해도 된다. 그린벨트 지정 목적이 바로 자연 보호를 통한 난개발 방어이기 때문이다. 보호 위주로 개발을 하라는 것이지, 개발을 일방적으로 막는 것은 아니다.

한때 언론이 '그린벨트가 해제'된다는 기사로 도배를 한 적이 있었다. 윤석열 대통령 중간공약을 받아 쓴 것이다. 그러나 비현실적 공약이다. 완화하는 그린벨트는 개별성이 강한 반면, 해제는 전적으로 공공성에 의존하기 때문이다. 가령 3기 신도시의 경우, 그린벨트 해제 공간을 통해 개발을 하는 것이다. 시간이 정말 오래 걸린다. 땅 투자자인 경우, 기다리다 지친다. 따라서 토지 투자자들은 그린벨트 해제에 집중하는 어리

석은 일을 하지 말아야 한다. '의미'란 '핵심 모색'의 다른 표현이다. 의미 없는 행동은 절대로 하지 말아야 한다.

수도권 그린벨트 토지에 투자하는 진짜 이유

첫째, 가격 때문이다.
땅값이 평당 100만 원을 넘어가면 거래량이 감소한다.

둘째, 주변가치 때문이다.
예로, 역세권, 국유지(LH), 대규모 아파트단지 등의 주변 분위기가 매우 중요하다.

수도권의 특징

첫째, 수도권정비계획법의 보호 속에 거래량이 꾸준히 증가하고 있다.
둘째, 전 국토의 약 50%의 그린벨트가 수도권에 집중적으로 분포되어 있다.
셋째, 꾸준한 인구 증가세와 더불어 역세권 또한 증가세다. 연장선이 특히 많다.

역세권 연장 주변을 노리자! 범례로 이미 연장 개통한 4호선 진접선과 8호선 별내선과 더불어 7, 9호선도 기대감이 높다. 노선을 연장하면 주변에 기생 중인 그린벨트 완화의 가능성이 늘 열려 있다. 해제에 관한 기대감을 포기하고 완화에 집중하는 이유이리라.

9호선 연장

- 2028년 중앙보훈병원~샘터공원
- 김포공항~인천공항2터미널
- 2031년 샘터공원~풍양역(강동하남남양주선)
- 강동하남남양주선은 강동구 고덕동 샘터공원역에서 하남 미사강변도시, 한강을 건너 왕숙신도시까지 가는 광역철도노선으로, 서울 지하철 9호선 연장구간이다.

7호선 연장

- 2026년 고읍~장암(도봉산옥정선)
- 2027년 12월 석남~청라국제업무단지
- 2029년 3월 청라국제업무단지~정서진
- 2030년 포천~고읍
- 미정 정서진~청라국제도시
- 미정 옥정중앙~덕정역

역세권 주변의 그린벨트의 특징

첫째, 훼손도가 높다.
둘째, 완화의 가능이 크다(집단취락지구와 연동).
셋째, 보전가치가 낮아 개발가치가 높다.
넷째, 단 위의 3가지 사항은 주거 및 유동인구가 뒷받침되었을 때 가능한 시나리오다.

그린벨트에 접근하는 방법은 해제보다는 완화가 좋다. 융통성 있게 접근하라. 해제는 공공성이 매우 강하고 완화는 개별성(융통성)이 강하기 때문이다.

그린벨트 해제 공간의 특징

첫째, 국가 주도의 신도시 조성(예 : 문재인 정권 때 3기 신도시 시행)
둘째, 지역 활성화와 대통령 중간공약(예 : 윤석열 정권 때 시도)
즉, 그린벨트 해제는 부동산 혁명과도 같아 권력에 의해 이동하는 법이다. 사람이 몰리는 수도권의 경우 계획 및 기획 과정에서 여러모로 유리하다. 규제와 개발이 동시다발적으로 이루어질 수 있어 항시 기대감이 높다. 그린벨트 해제 및 완화에 관한 기대감이 높은 것은 인구 덕분이다. 수도권에 그린벨트가 집중된 것은 인구의 과밀화와 더불어 난개발의 우려 때문이다. 인구 덕분에 투자자가 끊이지 않고 있다. 그러나 단순한 기대감으로는 역부족이다. 그 기대감을 추상적으로 접근할 것이 아니라 구체적 접근이 필요하다.

역세권도 다 완성도가 높은 게 아니다. 사용량이 감소하고 있는 역세권도 많다. 인구와 역세권 관계는 마치 토지와 도로의 관계 같다. 연계성이 낮으면 가치가 추락한다. 그린벨트 효과는 인구와 역세권, 이 2가지 사안으로 접근하면 안전하다. 설령 해제는 안 되어도 그린벨트 가치가 높아질 것은 분명하다. 외부에서 혹은 현장에서 충분히 느낄 수 있는 모토가 있기 때문이다. 역세권 연장이나 기존의 역세권의 현재가치를 보고 매수를 결정하면 된다. 역세권의 이중성과 그린벨트의 이중성은 거의 같다. 역세권 주변의 녹지공간(예 : 자연녹지지역)에 그린벨트가 기생하고 있기 때문이다. 그린벨트 사용법을 제대로 알면 그린벨트의 존재감과 현장감이 높아지고, 그 반대라면 그린벨트는 기생충에 불과한 것이다.

5장

도시 및 주거환경정비법

도시 및 주거환경정비법

도시 및 주거환경정비법은 불량건축물의 효율화를 통한 도시 환경 개선이 그 존재 목적이다. 이로 인해 주거생활의 질적 가치를 극대화시키고 도시의 질서와 평화를 재정비할 좋은 기회다.

(구)도시저소득 주민의 주거환경개선을 위한 임시조치법에 따라 시행되던 주거환경정비사업은 2003년 도시 및 주거환경정비법으로 통합되면서 주거환경개선사업으로 명칭이 변경된 후 정비사업의 한 유형으로 편입되었다.

용어해설

(1) 정비구역

정비사업을 체계적이고 계획적으로 시행하기 위해 지정 및 고시된 구역이다.

(2) 정비사업

도시 및 주거환경정비법에서 정한 이치에 따라 도시기능을 회복하기 위해 정비구역 안에서 정비기반시설*을 정비하고 건축물을 개량하거나 건설하는 다음의 사업을 말한다.

주거환경개선사업

저소득주민이 집단으로 거주하는 곳에서 이루어지는 주거환경 개선사업으로 노후 및 불량 건축물이 그 대상이다.

주택재개발사업

정비기반시설이 열악한 경우 이루어지는 개발사업이다. 이 역시 노후 및 불량건축물이 개발 대상이다.

주택재건축사업

정비기반시설은 양호하지만, 노후 및 불량건축물이 밀집한 지역에서 이루어지는 주거환경 개선사업이다.

도시환경정비사업

상업 및 공업 공간에서 이루어지는 개선사업으로, 도심과 부도심의 도시기능 회복과 균등 발전이 사업의 목적이다.

---

* 정비기반시설 – 도로, 상하수도, 공원, 공용주차장, 공동구, 녹지, 하천, 공공공지, 소방용수시설, 비상대피시설, 가스공급시설 및 공동이용시설을 말한다. 공동이용시설은 놀이터, 마을회관, 화장실, 경로당, 어린이집 등 노유자시설 등을 포함한다.

(3) 노후·불량건축물의 정의

첫째, 건축물이 훼손되거나 일부가 멸실되어 붕괴 우려가 있는 건축물

둘째, 다음 요건에 해당하는 건축물

- 주변 토지의 이용 상황 등에 비추어 주거환경이 불량한 곳에 소재할 것
- 건축물을 철거하고 새로운 건축물을 건설하는 경우, 그에 소요되는 비용에 비해 효용가치의 증대가 예상될 것

셋째, 도시미관 저해와 건축물의 기능 결함, 부실시공, 노후화 등으로 인한 구조적 결함으로 인해 철거가 불가피한 건축물

(4) 정비기반시설

도로, 상하수도, 공원, 공용주차장, 국토의 계획 및 이용에 관한 법률에 의한 공동구

(5) 공동이용시설

놀이터, 마을회관, 공동작업장

(6) 대지

정비사업에 의해 조성된 토지

(7) 주택단지

주택, 복리시설을 건설하거나 대지로 조성되는 일단의 토지

(8) 사업시행자

정비사업시행자

토지 등 '소유자'의 정의

첫째, 주거환경개선사업, 주택재개발사업, 도시환경정비사업의 경우에는 정비구역 안에 소재한 토지 혹은 건축물의 소유자 혹은 그 지상권자를 말한다.

둘째, 주택재건축사업의 경우에는 다음에 해당하는 자를 말한다.

- 정비구역 안에 소재한 건축물과 부속토지의 소유자
- 정비구역이 아닌 구역 안에 소재한 대통령령이 정한 주택과 부속토지의 소유자와 부대, 복리시설 및 그 부속토지의 소유자

부동산 공법 탐구
진정한 부동산 가격의 상승 효과를 맛볼 수 있는 곳은?

부동산 가격이 꾸준히 상승하는 곳의 특징

지역 평화가 구축되어 있어 삶의 질이 높다. 위정자와 지역 주민 간의 소통이 원활하다(사람 간의 대화 → 지역 진화 → 지역 평화(순리를 따른다)). 그러다 보니 당연히 개발의 타당성이 높아진다. 위정자의 공약이 지켜지는 것이다.

훌륭한 공간의 특징, 행복 공간의 특징

성공한 자보다 '성숙한 자'가 훨씬 많다. 신도시개발과 재개발의 차이점은 하나는 일방적으로 추진하고 하나는 지역주민의 의견을 수렴, 청취(경청)할 기회가 있다는 데 있다. 대화를 통해 재개발 규모와 형식이 결정된다.

단독주택과 공동주택(아파트)의 차이점

단독주택은 마당(대지의 면적)이 있다. 마당의 크기가 다양하다. 공동주택은 마당 대신 녹지공간과 공용면적이 있다. 대지면적은 개별적으로 응용이 가능하나, 녹지는 그게 불가능하다. 그렇기 때문에 자유의 공간이라는 측면에서는 단독주택이 유리하다.

단독주택과 땅의 성격

엇비슷한 면이 발견된다. 개인(부동산 주인)의 창의력 발휘가 가능하기 때문이다.

- 아파트의 구성요소 = 공용면적과 전용면적으로의 구성
- 단독주택의 구성요건 = 전용면적(주거면적)으로만 구성

공동주택은 층간소음이 문제이고, 단독주택은 주차 분쟁이 문제다. 땅 가치는 인구 규모에 의해, 집 가치는 인구의 인성(질)에 의해 좌우된다. 평가 방법이 다르다.

서울의 주거인구가 감소하는 이유가 있다. 갈수록 삶의 질이 떨어지고 있기 때문이다. 집값 거품에 범민들의 욕망과 용기가 사라진다. 그리고 사라지는 사랑과 정(배려와 양심)에 목말라하는 사람이 증가하고 있다. 거품은 삶의 질을 추락시키는 원흉이다. 부채 인생을 사는 자가 증가하는 곳이 서울이다.

서울 인구의 특징

'든부자난거지'보다 '난부자든거지'가 훨씬 많다. '빛 좋은 개살구'다. 화려한 아파트에는 살고 있지만, 매달 대출이자 갚는 데 인생을 투자하고 있다. 월세를 은행에 납부하는 셈이다. 과거에는 '서울'과 '서울 아파트'가 성공의 재료로 사용되었지만, 이제는 아니다. 아파트 사용법을 제대로 알고 있지 않으면 부채로 인생을 허비하게 된다. 올바른 빌라 사용법과 단독주택 사용법이 대안이다. 아파트만 주거지로 인정해주는 세태는 바뀌어야 한다. 언론에서도 보도 행태가 바뀌어야 한다. 주거시설과 그 가치의 바로미터가 단독주택이어야 한다. 재개발 과정 중에서 단독주택의 미래가치가 무조건 아파트단지인 것도 큰 문제다. 의식주의 주를 아파트로 보기보다는 작은 주택으로 인정, 인지하는 세상이 와야 한다. 그럼으로써 집값 거품이 사멸된다. 삶의 가치가 높아지는 방법이다.

사업 내역

도시·주거환경정비기본계획의 수립

특별시장, 광역시장, 시장은 주거환경개선사업, 주택재개발사업, 주택재건축사업, 도시환경정비사업의 기본 방향 등의 내용이 포함된 도시·주거환경정비기본계획을 수립해야 한다.

정비구역 지정과 정비계획 수립

시·도지사는 시장 등의 신청에 의해 도시계획절차에 따라 정비구역을 지정해야 한다. 정비구역 지정 신청 시 건폐율, 용적률 계획 등 정비계획을 함께 수립하고, 정비계획이 수립된 경우에는 국토의 계획 및 이용에 관한 법률에 의한 지구단위계획이 수립된 것으로 본다.

정비계획의 실효성 확보

정비구역으로 지정된 지역에서는 정비계획 내용에 위반되는 건축물 설치를 제한해 주민들에게 돌아갈 불이익을 방어한다.

사업시행자 선정

주택재개발사업과 주택재건축사업은 조합 단독으로 시행하거나 지방자치단체 혹은 한국토지주택공사 등과 공동으로 시행한다. 시공사는 사업시행인가 이후 경쟁입찰 통해 선정한다.

시공보증 의무화

정비사업에 참여하는 시공자에게 시공보증을 의무적으로 받도록 한다.

국공유지 장기임대

지방자치단체 등 사업시행자가 세입자 등을 위한 임대주택건설을 위해 국공유지를 사용하고자 하는 때에는 국유재산법* 혹은 지방재정법**에도 불구하고 장기임대해 사용하게 해야 한다. 또한 정비사업을 위탁받거나 자문을 할 수 있는 정비사업전문관리제도 등을 도입해 조합의 비전문성을 보완해야 한다.

* 국유재산법 – 국유재산을 보호하고 그 취득, 유지, 보존 및 운용 등의 관리와 처분의 적정을 기하기 위해 제정된 법률(일부개정 2009. 6. 9 법률 제9774호). 국유재산은 용도에 따라 공용재산, 공공용재산, 기업용재산, 보존용재산 등의 행정재산, 그 밖의 모든 국유재산인 일반재산으로 구분한다.

** 지방재정법 – 지방자치단체의 재정 및 회계에 관한 기본원칙을 정한 법률. 1963년 11월 제정, 공포된 이래 여러 차례 개정이 있다가 1988년 4월 전문개정 되었다. 그 뒤 또다시 여러 차례의 개정을 거쳐, 최근 1997년 12월 13일 완전히 개정되었다(12장 119조 및 부칙으로 되어 있다).

도시 및 주거환경정비계획

특별시장, 광역시장, 시장은 도시·주거환경정비기본계획을 수립하되, 대통령령이 정한 소규모 시의 경우에는 기본계획 수립을 하지 않을 수 있다.

기본계획 내역

- 정비사업의 기본 방향
- 정비사업의 계획 기간
- 인구, 건축물, 토지 이용, 정비기반시설, 지형 및 환경조건
- 주거지역의 관리계획
- 토지 이용계획, 정비기간시설계획, 공동이용시설설치계획 및 교통계획
- 녹지, 조경, 에너지 공급, 폐기물 처리 등에 대한 환경계획
- 사회복지시설과 주민문화시설 등의 설치계획
- 정비구역으로 지정할 예정인 구역의 개략적 범위
- 단계별 정비사업추진계획

- 건폐율, 용적률 등에 대한 건축물 밀도계획
- 세입자에 대한 주거안정대책

특별시장, 광역시장, 시장은 기본계획에 대해 그 타당성 여부를 검토해 그 결과를 기본계획에 반영해야 한다.

도시 및 주거환경정비기본계획의 수립 절차

(1) 공람과 의견 청취

특별시장, 광역시장, 시장은 기본계획을 수립 또는 변경하고자 하는 때에는 주민에게 공람해야 한다. 지방의회의 의견을 들은 후 국토의 계획 및 이용에 관한 법률에 의한 지방도시계획위원회 심의를 거쳐야 한다.

(2) 협의

특별시장, 광역시장, 도지사는 지방도시계획위원회 심의를 거치기 전에 관계 행정기관의 장과 협의해야 한다.

(3) 승인 및 심의

시장은 기본계획을 수립 혹은 변경한 때에는 도지사 승인을 얻어야 한다. 도지사가 이를 승인할 때 지방도시계획위원회 심의를 거쳐야 한다.

(4) 고시

특별시장, 광역시장, 시장은 기본계획이 수립 혹은 변경된 때에는 지방 자치단체 공보에 고시해야 한다.

(5) 보고

특별시장, 광역시장, 시장은 기본계획을 수립하거나 변경한 때에는 국토교통부령이 정한 방법에 의해 국토교통부장관에게 보고해야 한다.

부동산 공법 탐구
부동산 가격 상승의 3단계

삶의 질이 높은 지역↑ ⇨ 그 지역의 집값↑ ⇨ 그 집 인근의 땅값↑

이러한 과정을 통해 주거환경이 한 지역을 지배하고 주도한다.

탁월한 주거환경이 지역 주인공이다. 지역주인은 지역주민이다. 주거환경은 인위적인 면도 있지만 자연친화적인 면이 강해야 한다. 그래야 공기오염도 낮은 깨끗한 지역을 고수할 수 있는 것이다. 더러워지면 삶의 질이 낮아진다. 지역주민들 건강에 위험을 초래한다.

주거환경의 결과물인 아파트를 받아들이는 정신자세가 한 지역의 흥망성쇠를 좌우한다. 아파트를 행운의 공간(투자 수단, 자산 가치)보다는 행복의 공간으로 여기면 좋겠다. 의식주의 주(住)가 주거시설이다. 주거시설을 통해 행복추구권을 요구하자. 행운은 투자 가치를 바라는 일방적인 마음이지만 행복은 삶의 질의 질서를 정립하는 정신자세이기 때문이다. 행복은 과정이고 행운은 결과다. 행운도 노력과 실력을 두루 갖춘 자의 몫이라는 뜻이다.

정비사업시행

정비사업시행 방법

(1) 주거환경개선사업

토지 등 소유자의 단독 시행 방법

시장, 군수가 정비구역 안에서 정비기반시설을 설치하거나 확대하고 소유자가 스스로 주택을 개량하는 방법

수용공급 방법

주거환경개선사업시행자가 정비구역 일부 혹은 전부를 수용해 주택을 건설한 후 소유자에게 우선 공급하는 방법

환지

주거환경개선사업시행자가 환지로 공급

(2) 주택재개발사업과 재건축사업

주택재개발사업은 정비구역 안에서 인가받은 관리처분계획에 따라 주택 및 복리시설 등을 건설해 공급하거나 환지로 공급하는 방법이다.

주택재건축사업은 정비구역 혹은 정비구역이 아닌 구역에서 인가받은 관리처분계획에 의해 공동주택 및 복리시설 등을 건설해 공급하는 방법이다. 주택단지 안에 있지 않은 건축물의 경우 지형여건 등을 감안해 사업시행이 불가피한 경우와 정비구역 안에서 시행하는 사업에 한한다.

(3) 도시환경정비사업

정비구역 안에서 인가받은 관리처분계획에 의해 건축물을 건설해 공급하는 방법 혹은 환지로 공급하는 방법에 의한다.

정비사업시행자

(1) 주거환경개선사업시행자

주거환경개선사업은 정비구역 지정고시일 현재 토지 등 소유자의 3분의 2 이상 동의를 얻어 시장, 군수가 직접 시행하거나 공기업(한국토지주택공사) 등을 사업시행자로 지정 및 시행할 수 있다. 단, 시장 등은 불가피한 사유로 인해 건축물 붕괴 우려가 있어 긴급히 정비사업을 시행할 필요가 있다고 인정되는 경우에는 소유자 동의 없이 직접 시행하거나 공기업 등을 사업시행자로 지정 및 시행할 수 있다.

(2) 주택재개발사업과 주택재건축사업시행자

주택재개발사업과 주택재건축사업은 정비사업조합이 시행하거나 조합이 조합원의 2분의 1 이상의 동의를 얻어 시장, 군수, 혹은 공기업 등과 공동으로 시행할 수 있다.

(3) 도시환경정비사업시행자

조합 혹은 소유자가 시행하거나 조합 혹은 소유자가 조합원 혹은 소유자의 2분의 1 이상 동의를 얻어 시장, 군수, 공기업과 공동으로 시행할 수 있다.

부동산 공법 탐구
구옥 주인의 미래가치

구옥(舊屋-지은 지 오래된 집) 주인 중 이익을 크게 보는 자가 있는가 하면, 손해를 크게 보는 자가 있다. 구옥 평가 방법은 2가지로 나눌 수 있기 때문이다. 신도시개발공간 안의 구옥 주인들은 손해가 막심하다. 강제수용 평가 방법 때문이다. 공시지가로 평가받아 비현실적이다. 이는 3기 신도시 주민들의 신도시개발을 반대한 이유 중 하나다. 그러나 건축업자가 접근해 구옥을 매수할 때는 평가 방법이 다르다. 이를테면 건축업자는 구옥 두 채를 구입해 도시형생활주택을 짓는다. 사업성과 경제성이 좋다 보니 이런 결정을 하는 것이다. 구옥 주인에게 땅값을 크게 평가해준다. 집 자체를 보고 가격평가를 내리는 게 아니라 주택 관련 대지 지분을 크게 쳐준 것이다. 이는 입지와 대지 지분이 정비례했을 때 가능한 것이다. 대지 지분 자체로 모든 사안(미래가치와 수익성 등)을 평가할 수 없다. 이것은 마치 맹지 입지와 대지 입지의 차이로 점철되는데, 입지가 좋은 맹지의 미래성(=잠재성)이 입지가 형편없는 대지를 압도하는 것과 같은 이치다. 사용가치 면에서 차이가 난다. 자주 사용하지 않는 대지는 자주 사용하는 맹지보다 가치가 낮다. 사람들로부터 곧 외면당한다.

조합설립추진위원회와 조합 설립

조합설립추진위원회

(1) 구성 절차

조합 설립을 위해서는 소유자의 2분의 1 이상의 동의를 얻어 위원장을 포함해 5인 이상 위원으로 조합설립추진위원회를 구성해 국토교통부장관이 정한 방식과 과정대로 시장, 군수의 승인을 얻어야 한다.

(2) 추진위원회 기능

추진위원회는 다음과 같은 업무를 수행한다.

- 안전진단 지정신청에 대한 업무
- 정비사업전문관리업자 선정
- 정비사업시행계획서 작성
- 조합 설립인가를 받기 위한 준비업무

추진위원회는 운영규정에 의해 경쟁입찰 방법으로 정비사업전문관리업자를 선정한다. 추진위원회가 수행하는 업무 내역이 소유자의 비용 부담을 수반하거나 권리와 의무에 변동이 발생하는 경우, 그 업무를 수행하기 전에 대통령령이 정한 비율 이상의 토지 등 소유자의 동의를 얻어야 한다.

(3) 추진위원회 조직과 운영

국토교통부장관은 추진위원회의 공정한 운영을 위해 다음 내역을 포함한 추진위원회 운영 규정을 정해 관보에 고시한다.

- 추진위원회 위원의 선임 방법 및 변경에 관한 사항
- 추진위원회 권리 및 의무에 관한 사항
- 추진위원회 업무 범위에 관한 사항
- 추진위원회 운영 방법에 관한 사항
- 토지 등 소유자의 운영경비에 관한 사항

조합

(1) 조합 설립

시장, 군수, 공기업 등이 아닌 자가 정비사업을 시행하고자 하는 경우에는 토지 등 소유자로 구성된 조합을 설립해야 한다. 조합이 '도시 및 주거환경정비법'에 의한 정비사업을 시행하는 경우, 주택법의 규정을 적용할 때는 조합을 사업 주체로 본다. 조합 설립 신청 및 인가 절차 등에 대해 필요한 사항은 대통령령이 정한다. 조합에 대해서는 법에 규정된 것을 제외하고는 민법 중 사단법인에 대한 규정을 준용한다.

(2) 정관 내역

조합은 다음 사항이 포함된 정관을 작성해야 한다.

- 조합 명칭과 주소
- 조합원의 자격에 대한 사항
- 조합원의 제명, 탈퇴, 교체에 대한 사항
- 정비사업 예정구역의 위치와 면적
- 조합임원 수와 업무 범위
- 조합임원의 권리, 임무, 보수, 선임 방법, 변경 및 해임에 대한 사항
- 대의원 수, 의결 방법, 선임 방법 및 선임 절차
- 조합의 비용 부담 및 조합의 회계
- 정비사업의 시행연도 및 시행 방법
- 총회의 소집 절차, 시기 및 의결 방법
- 총회의 개최 및 조합원의 총회소집요구에 대한 사항
- 공사비 등 정비사업에 소요되는 비용의 부담 시기 및 절차
- 정비사업이 종결된 때의 청산 절차
- 청산금의 징수, 지급 방법
- 시공자, 설계자 선정 및 계약서에 포함될 내역
- 정관 변경 절차

국토교통부장관은 위의 내역이 포함된 표준정관을 작성해 보급할 수 있다.

사업시행계획

사업시행인가

사업시행계획서 작성

사업시행자는 고시된 정비계획에 따라 사업시행계획서를 작성한다.

- 토지 이용계획
- 정비기반시설 및 공동이용시설의 설치계획
- 임시수용시설을 포함한 주민이주대책
- 세입자 주거대책
- 임대주택건설계획
- 건축물 높이, 용적률 등과 관련한 건축계획
- 정비사업시행과정에서 발생하는 폐기물 처리계획
- 시행규정 – 시장, 군수 등이 단독으로 시행하는 정비사업

정비사업의 시행인가

먼저, 사업시행자는 정비사업을 시행하고자 하는 경우에는 사업시행계획서에 정관 등과 그 밖에 국토교통부령이 정한 서류를 첨부해 시장, 군수에게 제출하고, 사업시행인가를 받아야 한다. 인가받은 내역을 변경하거나 정비사업을 중지 혹은 폐지하고자 하는 경우에도 또한 같다. 대통령령이 정한 경미한 사항을 변경하고자 하는 때에는 시장, 군수에게 신고해야 한다.

사업시행인가 절차

(1) 토지 소유자의 동의

사업시행자는 사업시행인가를 신청하기 전에 사업시행계획서 내역에 대해 미리 정비구역 안의 토지면적의 3분의 2 이상의 토지 소유자 동의를 얻어야 한다.

(2) 건축위원회 심의

시장, 군수는 정비구역 외에서 시행하는 주택재건축사업의 사업시행인가를 하고자 하는 경우에는 건축물 높이, 층수, 용적률 등 대통령령이 정한 사항에 대해 건축법에 의해 시·군·구에 설치하는 건축위원회 심의를 거친다.

(3) 시행인가 고시

시장, 군수는 사업시행인가를 하거나 정비사업을 변경, 중지 혹은 폐지하는 경우에는 국토교통부령이 정한 방법과 과정대로 그 내역을 지방자치단체 공보에 고시한다.

(4) 관계 서류 공람 및 의견 청취 과정

먼저, 공람한다. 시장, 군수는 사업시행인가를 하고자 하거나 사업시행
계획서를 작성하고자 하는 경우에는 대통령령이 정한 방법과 과정대로 관
련 서류를 일반인에 공람한다.

둘째, 의견을 제출한다. 토지 등 소유자 혹은 조합원, 그 밖에 정비사업
과 관련해 이해관계를 가진 자는 공람기간 내에 시장, 군수에게 서면으로
의견을 제출한다.

마지막으로 의견을 심사한다. 시장, 군수는 제출된 의견을 심사해 채택
할 필요가 있다고 인정하는 때에는 이를 채택한다.

사업시행인가의 특례

첫째, 사업시행자는 일부 건축물의 존치 혹은 리모델링에 대한 내역이
포함된 사업시행계획서를 작성해 사업시행인가 신청을 할 수 있다.

둘째, 시장, 군수는 존치 혹은 리모델링 되는 건축물 및 건축물이 있는
토지가 주택법 및 건축법상 다음의 건축 관련 기준에 적합하지 않아도 대
통령령이 정한 기준에 의해 사업시행인가를 할 수 있다.

- 주택법에 의한 주택단지 범위
- 주택법에 의한 부대시설과 복리시설 설치기준
- 건축법에 의한 대지와 도로 관계
- 건축법에 의한 건축선 지정
- 건축법에 의한 일조 등의 확보를 위한 건축물 높이 제한

셋째, 사업시행자가 사업시행계획서를 작성하고자 하는 경우에는 존치 혹은 리모델링 되는 건축물 소유자의 동의를 얻어야 한다.

다른 법률 인가, 허가 등의 의제

시행인가 의제사항

사업시행자가 사업시행인가를 받은 때에는 다음의 인가, 허가, 승인, 신고, 등록, 협의, 동의, 해제가 있는 것으로 본다. 사업시행자의 고시가 있은 때에는 다음의 관련 법률에 의한 인허가 등의 고시, 공고 등이 있는 것으로 본다.

- 주택법에 의한 주택건설사업자등록과 사업계획 승인
- 건축법에 의한 건축허가와 가설건축물의 건축허가 혹은 축조신고
- 도로법에 의한 도로공사시행의 허가와 도로점용 허가
- 사방사업법에 의한 사방지 지정의 해제
- 농지법에 의한 농지전용 허가, 협의 및 농지전용신고
- 산지관리법에 의한 산지전용허가 및 산지전용신고와 산림법에 의한 보안림 안에서의 행위 및 입곡벌채 등의 허가
- 하천법에 의한 하천공사시행의 허가, 하천공사실시계획인가 및 하천

점용 등의 허가
- 수도법에 의한 일반수도사업의 인가 및 전용상수도 혹은 전용공업용
  수도 설치의 인가
- 하수도법에 의한 공공하수도 사업의 허가
- 측량법에 의한 측량성과사용의 심사
- 유통산업발전법에 의한 대규모점포 등록
- 국유재산법에 의한 사용, 수익 허가
- 지방재정법에 의한 사용, 수익 허가
- 지적법에 의한 사업 착수 및 변경 신고

공장이 포함된 구역에 대한 도시환경정비사업의 시행인가 의제

사업시행자가 공장이 포함된 구역에 대한 도시환경정비사업에 대해 사업시행인가를 받은 때에는 위의 인허가 등이 있는 것으로 보는 것 외에 다음의 인허가가 있는 것으로 본다. 사업시행인가 고시가 있는 때에는 다음의 관련 법률에 의한 인허가 등의 고시, 공고가 있는 것으로 본다.

- 산업집적활성화 및 공장설립에 관한 법률에 의한 공장설립 등의 승인
  및 완료신고
- 전기사업법에 의한 자가용 전기설비공사계획의 인가 및 신고
- 폐기물관리법에 의한 폐기물 처리시설의 설치승인 혹은 설치신고
- 대기환경보전법, 수질환경보전법 및 소음, 진동규제법에 의한 배출시
  설설치의 허가 및 신고

- 오수, 분뇨 및 축산폐수의 처리에 관한 법률[*](이 법은 현행이 아님)에 의한 오수처리시설 혹은 단독정화조의 설치신고
- 소방법^{**}(이 법은 현행이 아님)에 의한 건축허가 등의 동의, 제조소 등의 설치 허가
- 총포, 도검, 화약류 등 단속법 규정에 의한 화약류저장소 설치 허가

* 오수, 분뇨 및 축산폐수의 처리에 관한 법률 – 오수 분뇨 및 축산폐수를 적정하게 처리해 수질오염을 감소시키기 위해 제정한 법률(1991. 3. 8 법률 제4364호), 2006년 9월 27일 폐지되었다.

** 소방기본법 – 소방법을 폐지하고 이를 대체해 제정되었다(2003. 5. 29, 법률 제06893호).

순환정비 방식의 정비사업

순차적 정비

사업시행자는 정비사업을 원활히 시행하기 위해 정비구역 내외에 새로 건설한 주택 혹은 이미 건설되어 있는 주택에 그 정비사업의 시행으로 철거되는 주택의 소유자가 임시로 거주하는 등의 방식으로 그 정비구역을 순차적으로 정비할 수 있다.

순환용 주택의 사용 및 임대

사업시행자는 순차적 정비 방식으로 정비사업을 시행하는 경우에는 임시로 거주하는 주택을 주택법에 의한 주택 공급규정에도 불구하고 임시수용시설로 사용하거나 임대할 수 있다.

순환용 주택의 처분

임시로 거주한 자가 정비사업이 완료된 후에도 순환용 주택에 계속 거주하기를 희망하는 때에는 이를 분양하거나 계속 임대할 수 있다. 이 경우, 순환용 주택은 인가받은 관리처분계획에 의해 토지 등 소유자에게 처분된 것으로 본다. 시장, 군수는 정비사업의 효율성을 극대화하기 위해 필요하다고 인정될 때는 정비구역을 2 이상의 구역으로 분할할 수 있다.

부동산 공법 탐구
맹지개발 과정과 대지개발 과정을 통해 깊이 통감할 수 있는
주택 개발구도(개발 과정과 재개발 과정의 차이)

맹지개발의 경우 획지 안에 필지가 예속되고 녹지지역 안에 주거지역이 예속된 구조를 이룬다(완성도 낮은 지역을 개발한다). 대지개발의 경우 주택법 안에 건축법이 예속되고 재개발 과정 안에 재건축과정이 예속되는 구조를 이룬다(완성도 높은 지역을 개발한다).

맹지개발이든 대지개발 과정이든 궁극적으로는 주거시설을 완성하는 것이다. 다만 투자의 공간을 조성하는 게 아니라 '행복의 공간'을 만든다는 사실을 바로 인지해야 한다. 그래야만 주거시설을 보조+보존(보완)하는 시설들이 거품에서 자유로울 수 있다. 주거시설에 거품이 주입되면 옆의 상업 및 업무시설 등에게도 거품이 전염되기 마련이다. 사람들이 일방적으로 전염시킨다. 주거시설도 사람이 만들고 거품도 사람이 만든다. 재개발 과정에 주입되는 거품은 투자의 공간으로 인식해서 생긴 화마다. 이는 원주민 재정착률에 악영향을 미쳐 졸지에 내 집 잃은 사람들을 증가시키는 요인이 된다.

정비사업시행을 위한 조치

임시수용시설 설치

(1) 임시거주와 융자 알선

사업시행자는 주거환경개선사업 및 주택재개발사업의 시행으로 철거되는 주택 소유자에 대해 정비구역 내외에 소재한 임대주택 등의 시설에 임시로 거주하게 하거나 주택자금의 융자 알선 등 임시수용에 상응하는 조처를 해야 한다.

(2) 시설과 토지의 일시 사용

사업시행자는 임시수용을 위해 필요한 때에는 국가, 지방자치단체 그 밖의 공동단체 혹은 개인의 시설이나 토지를 일시 사용할 수 있다.

(3) 사용료 또는 대부료 면제

국가 또는 지방자치단체는 사업시행자로부터 임시수용시설에 필요한 건축물이나 토지 사용신청을 받은 때에는 대통령령이 정한 사유가 없는

한 이를 거절할 수 없다. 이 경우, 사용료나 대부료는 면제한다.

(4) 철거와 원상복구

사업시행자는 정비사업의 공사를 완료한 때에는 그 완료한 날부터 30일 이내에 임시수용시설을 철거하고 그 건축물이나 토지를 원상복구 해야 한다.

손실보상

(1) 일시사용보상

공공단체, 개인의 시설, 토지를 일시 사용함으로써 손실을 받은 자가 있는 경우에는 사업시행자는 손실 보상을 해야 한다. 손실보상 과정에서 손실을 받은 자와 협의를 해야 한다.

(2) 재결신청

사업시행자 혹은 손실을 받은 자는 손실보상 협의가 성립되지 않았거나 협의할 수 없는 경우에는 '공익사업을 위한 토지 등의 취득 및 보상에 관한 법률'에 의해 설치되는 관할 토지 수용위원회에 재결을 신청할 수 있다.

(3) 준용

손실보상에 대해서는 이 법에 규정된 것을 제외하고는 '공익사업을 위한 토지 등의 취득 및 보상에 관한 법률'을 준용한다.

토지 등의 수용 혹은 사용

사업시행자는 정비구역 안에서 정비사업을 시행하기 위해 필요한 경우에는 '공익사업을 위한 토지 등의 취득 및 보상에 관한 법률'에 의한 토지·물건 혹은 그 밖의 권리를 수용 혹은 사용할 수 있다.

부동산 공법 탐구
공익사업을 위한 토지 등의 취득 및 보상에 관한 법률의 준용

정비구역 안에서 정비사업시행을 위한 토지 혹은 건축물 소유권과 그 밖의 권리에 대한 수용 혹은 사용에 대해서는 이 법에 특별한 규정이 있는 경우를 제외하고는 '공익사업을 위한 토지 등의 취득 및 보상에 관한 법률'을 준용한다.

'공익사업을 위한 토지 등의 취득 및 보상에 관한 법률'을 준용함에 있어서 사업시행인가의 고시가 있는 때에는 '공익사업을 위한 토지 등의 취득 및 보상에 관한 법률'에 의한 사업인정 및 그 고시가 있는 것으로 본다.

수용 혹은 사용에 대한 재결 신청은 '공익사업을 위한 토지 등의 취득 및 보상에 관한 법률'의 규정에도 불구하고 사업시행인가를 할 때 정한 사업시행기간 이내에 이를 행해야 한다. 대지 또는 건축물을 현물보상하는 경우에는 '공익사업을 위한 토지 등의 취득 및 보상에 관한 법률'의 규정에도 불구하고 준공인가 이후에 현물보상 할 수 있다.

매도청구

사업시행자는 주택재건축사업을 시행함에 있어 조합설립 동의를 하지 않은 자의 토지 및 건축물에 대해서는 '집합건물의 소유 및 관리에 관한

법률'의 규정을 준용해 매도청구를 할 수 있다.

재건축결의는 조합설립의 동의로 본다. 구분소유권* 및 대지사용권**
은 사업시행구역 안의 매도청구 대상이 되는 토지 또는 건축물 소유권과
그 밖의 권리로 본다.

지상권 등 계약의 해지

첫째, 정비사업시행으로 인해 지상권, 전세권, 임차권의 설정 목적을 달
성할 수 없는 때에는 그 권리자는 계약을 해지할 수 있다.

둘째, 계약을 해지할 수 있는 자가 가지는 전세금, 보증금 그 밖에 계약
상의 금전의 반환청구권은 사업시행자에게 이를 행사할 수 있다.

셋째, 금전의 반환청구권 행사에 따라 금전을 지급한 사업시행자는 토
지 등 소유자에게 이를 구상할 수 있다.

넷째, 사업시행자는 구상이 되지 않은 때에는 소유주에게 귀속될 대지
혹은 건축물을 압류할 수 있다. 이 경우, 압류한 권리는 지상권과 같은 효
과를 갖는다.

다섯째, 조합설립 인가일 이후에 체결되는 지상권·전세권설정계약, 임
대차계약의 계약기간에 대해서는 민법, 주택임대차보호법, 상가건물임대
차보호법의 해당 규정은 이를 적용하지 않는다.

---

* 구분소유권(區分所有權) – 1동의 지상물에 구조상 구분되는 2개 이상의 부분이 있어서 그것들이
독립해서 주거, 점포, 사무소 등으로 쓰일 때 그 부분을 다른 사람 소유로 할 수 있다. 이 전용 부
분에 대한 권리가 구분소유권이다.

** 대지사용권(垈地使用權) – 구분소유권자가 건물의 전용 부분을 소유하기 위해 갖고 있는 대지의
권리다.

소유자 확인이 곤란한 건축물 등에 대한 처분

첫째, 사업시행자는 정비사업을 시행함에 있어 조합설립 인가일 현재 건축물 또는 토지 소유자의 소재 확인이 곤란한 경우에는 일간지에 공고하고, 공고한 날부터 30일 이상 지난 때에는 그 소유자 소재 확인이 곤란한 건축물 또는 토지의 감정평가액에 해당하는 금액을 법원에 공탁하고 정비사업을 시행할 수 있다.

둘째, 주택재건축사업을 시행함에 있어 조합설립 인가일 현재 조합원 전체의 공동소유인 토지 혹은 건축물에 대해서는 조합 소유의 토지 혹은 건축물로 본다.

셋째, 조합소유로 보는 토지 혹은 건축물의 처분에 대한 사항은 관리처분계획에 이를 명시해야 한다.

넷째, 토지 혹은 건축물의 감정평가에 대해서는 관리처분계획의 재산평가 방법을 준용한다.

분양 및 관리처분계획

분양

(1) 분양 통지, 공고

사업시행자는 사업시행인가 고시에 의해 대통령령이 정한 사항을 소유자에게 통지해야 한다. 분양 대상이 되는 대지 혹은 건축물 내역 등 대통령령이 정한 사항을 일간신문에 공고해야 한다.

(2) 분양 신청

대지 혹은 건축물에 대한 분양을 받고자 하는 토지 등 소유자는 분양 신청 기간 이내에 대통령령이 정한 방법과 절차에 의해 사업시행자에게 대지 혹은 건축물에 대한 분양 신청을 해야 한다.

분양 신청을 하지 않은 자 등에 대한 조치

대통령령이 정한 절차에 의해 토지, 건축물 혹은 그 밖의 권리에 대해 현금으로 청산한다.

- 분양 신청을 하지 않은 자
- 분양 신청을 철회한 자
- 인가된 관리처분계획에 의해 분양 대상에서 제외된 자

관리처분계획

(1) 관리처분계획 인가권자

사업시행자는 분양 신청 기간이 종료된 때에는 도시 및 주거환경정비법이 정한 기준에 따라 기존건축물을 철거하기 전에 분양 신청 현황을 기초로 관리처분계획을 수립해 시장, 군수의 인가를 받아야 한다. 관리처분계획을 변경, 중지, 폐지하고자 하는 경우에도 또한 같다.

(2) 관리처분계획 내역

- 분양설계
- 분양 대상자의 주소와 성명
- 분양 대상자별 분양 예정인 대지 혹은 건축물 추산액
- 분양 대상자별 종전 토지 혹은 건축물 명세 및 사업시행인가 고시가 있은 날을 기준으로 한 가격
- 정비사업 추산액과 조합원 부담 규모, 부담 시기
- 분양 대상자의 종전 토지 혹은 건축물에 대한 소유권 외의 권리명세

(3) 관리처분계획 기준

첫째, 종전의 토지 혹은 건축물 면적, 이용 상황 등을 종합적으로 고려

해 대지 혹은 건축물이 균형 있게 분양 신청자에게 배분되고 합리적으로 이용하도록 한다. 둘째, 토지 혹은 건축물에 대해 필요한 경우에는 이를 증가하거나 감소시켜 대지 혹은 건축물이 적정 규모가 되도록 한다. 셋째, 작은 토지 혹은 건축물이나 정비구역 지정 후 분할된 토지를 취득한 자에게 대해서는 현금으로 청산할 수 있다. 넷째, 재해 혹은 위생상 위해를 방지하기 위해 토지 규모를 조정할 특별한 필요가 있는 때에는 좁은 토지를 증가시키거나 토지에 갈음해 보상하거나 건축물 일부와 그 건축물이 있는 대지의 공유지분을 교부할 수 있다. 마지막으로 분양설계에 대한 계획은 분양 신청 기간이 만료되는 날을 기준으로 해 수립한다.

(4) 관리처분계획 인가 절차

첫째, 사업시행자는 관리처분계획 인가를 받기 전에 관련 서류를 소유자에게 공람하고 의견을 경청한다. 둘째, 시장, 군수는 사업시행자의 관리처분계획 인가 신청이 있는 날부터 30일 이내에 인가 여부를 결정한다. 셋째, 시장, 군수는 관리처분계획을 인가하는 때에는 그 내역을 지방자치단체 공보에 고시해야 한다. 마지막으로 사업시행자는 고시가 있는 때에는 대통령령이 정한 방법과 절차에 따라 분양 신청을 한 자에게 관리처분계획 인가내역을 통지한다.

(5) 관리처분계획 인가 효력

첫째, 정비사업시행으로 조성된 대지 및 건축물은 관리처분계획에 의해 이를 처분 혹은 관리해야 한다. 둘째, 고시가 있었던 때에는 종전의 토지 혹은 건축물 소유자, 지상권자, 전세권자, 임차권자 등 권리자는 이전의 고시가 있은 날까지 종전의 토지 혹은 건축물에 대해 이를 사용하거나 수익할 수 없다. 셋째, 사업시행자는 분양 신청을 받은 후 잔여분이 있는 경우에는 정관 등 또는 사업시행계획이 정한 목적을 위해 보류지로 정하거나 조합원 외의 자에게 분양할 수 있다.

주택재개발사업에서의 재산평가

주택재개발사업에서 재산을 평가할 때에는 다음의 방법에 의한다.

먼저, 분양 예정인 대지 혹은 건축물의 추산액의 경우, 시·도의 조례가 정한 바에 의해 산정하되, 시장, 군수가 추천하는 지가공시 및 토지 등의 평가에 관한 법률(이 법은 현행이 아님)에 의한 2인 이상의 감정평가업자의 감정평가 의견을 참고해야 한다. 또한, 토지 혹은 건축물 가격은 시장, 군수가 추천하는 지가공시 및 토지 등의 평가에 관한 법률(이 법은 현행이 아님)에 의한 감정평가업자 2인 이상이 평가한 금액을 산술평균해 산정한다.

관리처분계획을 변경, 중지, 폐지하고자 하는 경우에는 분양 예정인 대지 혹은 건축물 추산액과 종전의 토지 혹은 건축물 가격은 사업시행자 및 토지 등의 소유자 전원이 합의해 산정한다.

주택재건축사업에서 사업시행자가 분양 예정인 대지 혹은 건축물 추산액과 종전의 토지 혹은 건축물 가격에 대해 지가공시 및 토지 등의 평가에 관한 법률(이 법은 현행이 아님)에 의한 감정평가업자의 평가를 받고자 하는 경우에는 이러한 규정을 준용한다.

주택 공급

사업시행자는 정비사업의 시행으로 건설된 건축물은 인가된 관리처분계획에 따라 소유자에게 공급한다 사업시행자가 정비구역 안에 주택을 건설하는 경우에는 입주자 모집 조건, 방법, 절차, 입주금 납부 방법 등에 대해 주택법상 주택 공급규정에도 불구하고 대통령령이 정한 범위 안에서 시장, 군수 승인을 얻어 사업시행자가 따로 정한다.

정비사업시행으로 임대주택을 건설하는 경우에 임차인 자격, 선정 방법, 임대보증금, 임대료 등 임대조건에 대한 기준 및 무주택세대주에게 우선 매각하도록 하는 기준 등에 대해서는 임대주택법상의 규정에도 불구하고 대통령령이 정한 범위 안에서 시장, 군수 승인을 얻어 사업시행자가 따로 정한다. 사업시행자는 공급 대상자에게 주택을 공급하고 남은 주택에 대해서는 공급 대상자 외의 자에게 공급할 수 있다. 이 경우, 주택 공급 방법 및 절차 등에 대해서는 주택법 규정을 준용한다.

시공보증

조합이 정비사업시행을 위해 시장, 군수, 공기업 등이 아닌 자를 시공자로 선정한 경우, 그 시공자는 도급받은 공사의 시공보증을 위해 국토교통부령이 정한 기관의 시공보증서를 조합에 제출해야 한다. 시장, 군수는 건축법에 의한 착공신고를 받는 경우에는 시공보증서 제출 여부를 확인해야 한다.

공사 완료에 따른 조치

정비사업 준공인가

시장, 군수가 아닌 사업시행자는 정비사업에 대한 공사를 완료한 때에는 대통령령이 정한 방법과 절차에 의해 시장, 군수의 준공인가를 받아야 한다. 준공인가 신청을 받은 시장과 군수는 준공검사를 실시해야 한다. 시장과 군수는 준공검사의 실시 결과, 정비사업이 인가받은 사업시행계획대로 완료되었다고 인정하는 때에는 준공인가를 하고 공사의 완료를 지방자치단체 공보에 고시해야 한다. 시장, 군수는 직접 시행하는 정비사업에 대한 공사가 완료된 때에는 그 공사 완료를 지방자치단체 공보에 공시해야 한다. 시장, 군수는 준공인가를 하기 전이라도 완공된 건축물이 사용에 지장이 없는 등 대통령령이 정한 기준에 부합한 경우에는 입주예정자가 완공된 건축물을 사용할 것을 사업시행자에 대해 허가할 수 있다. 자신이 사업시행자인 경우에는 허가 없이 입주예정자가 완공된 건축물을 사용하게 할 수 있다.

공사 완료에 따른 관련 인허가

준공인가를 하거나 공사 완료의 고시를 함에 있어 시장, 군수가 의제되는 인허가 등에 따른 준공검사, 준공인가, 사용검사, 사용승인 등에 대해 관련 행정기관의 장과 협의한 사항에 대해서는 준공검사, 인가 등을 받은 것으로 본다.

이전고시 및 권리 확정

소유권 이전고시

사업시행자는 공사 완료고시가 있을 때에는 대지확정측량을 하고 토지 분할 과정을 거쳐 관리처분계획에 정한 사안을 분양을 받을 자에게 통지하고 대지 혹은 건축물 소유권을 이전해야 한다.

정비사업의 효율성을 극대화하기 위해 필요한 경우에는 정비사업에 대한 공사가 전부 완료되기 전에 완공된 부분에 대해 준공인가를 받아 대지 혹은 건축물별로 이를 분양받을 자에게 소유권을 이전할 수 있다.

사업시행자는 대지 및 건축물 소유권을 이전한 때에는 그 내역을 지방자치단체 공보에 고시한 후 시장, 군수에게 보고해야 한다.

권리확정

대지 혹은 건축물을 분양받을 자에게 소유권을 이전한 경우 종전의 토지 혹은 건축물에 설정된 지상권, 전세권, 저당권, 임차권, 가등기담보권,

가압류 등 등기된 권리 및 주택임대차보호법에 의한 대항요건을 갖춘 임차권은 소유권을 이전받은 대지 혹은 건축물에 설정된 것으로 본다.

취득하는 대지 혹은 건축물 중 소유자에게 분양하는 대지 혹은 건축물은 도시개발법에 의해 행해진 환지로 본다. 보류지와 일반에게 분양하는 대지 혹은 건축물은 도시개발법에 의한 보류지 혹은 체비지로 본다.

등기절차와 권리변동 제한은 다음과 같다.

- 사업시행자는 소유권 이전고시가 있을 때에는 대지 및 건축물에 대한 등기를 지방법원지원 혹은 등기소에 촉탁 혹은 신청해야 한다.
- 등기에 대해 필요한 사항은 대법원규칙으로 정한다.
- 정비사업에 대해 소유권 이전고시가 있은 날부터 등기가 있을 때까지 저당권 등 다른 등기를 하지 못한다.

 청산금

청산금 지급

대지 혹은 건축물을 분양받은 자가 종전에 소유하고 있던 토지 혹은 건축물 가격과 분양받은 대지 혹은 건축물의 가격 사이에 차이가 있는 경우에는 사업시행자는 이전고시가 있은 후에 그 차액에 상당하는 금액(청산금)을 분양받은 자로부터 징수하거나 분양받은 자에게 지급해야 한다.

청산금 분할 징수 및 지급

정관 등에서 분할징수와 분할지급에 대해 정하고 있거나 총회 의결을 거쳐 따로 정한 경우에는 관리처분계획 인가 후부터 이전 고시일까지 일정 기간별로 분할징수 혹은 분할지급이 가능하다.

청산금 산정

청산금 지급규정을 적용할 때, 종전에 소유하고 있던 토지 혹은 건축물 가격과 분양받은 대지 혹은 건축물 가격은 그 토지 혹은 건축물의 규모, 위치, 용도 등을 참고로 평가한다.

청산금 강제징수

청산금을 납부할 자가 미납한 경우에는 시장, 군수인 사업시행자는 지방세체납처분의 예에 의해 징수할 수 있다.

청산금 공탁

청산금을 지급받을 자가 이를 받을 수 없거나 거부한 때에는 사업시행자는 그 청산금을 공탁할 수 있다.

 비용 부담

비용 부담의 원칙

(1) 시행자 부담과 시장, 군수의 부담

시행자 부담의 원칙

정비사업비는 다른 법령에 특별한 규정이 있는 경우를 제외하고는 사업시행자가 부담한다.

시장, 군수의 비용 부담

시장, 군수는 시장, 군수가 아닌 사업시행자가 시행하는 정비사업의 정비계획에 따라 설치되는 도시계획시설 중 대통령령이 정한 주요 정비기반시설에 대해서는 그 설치에 소요되는 비용의 전부 혹은 일부를 부담할 수 있다.

(2) 비용 조달

비용 부과와 징수

사업시행자는 소유자로부터 비용과 정비사업시행 과정에서 발생한 수

입 차액을 부과, 징수할 수 있다. 또한, 사업시행자는 소유자가 부과금 납부를 태만한 때에는 연체료를 부과, 징수할 수 있다.

시장, 군수가 아닌 사업시행자는 부과금 혹은 연체료를 체납하는 자가 있는 때에는 시장, 군수에게 부과, 징수를 위탁할 수 있다. 시장, 군수는 부과, 징수를 위탁받은 경우에는 지방세체납처분의 예에 의해 부과, 징수할 수 있다.

(3) 정비기반시설 관리자의 비용 부담

협의부담

시장, 군수는 그가 시행하는 정비사업으로 인해 이익을 받는 정비기반시설 관리자가 있는 경우에는 대통령령이 정한 방법과 절차에 따라 정비사업비 일부를 정비기반시설 관리자와 협의해 관리자에게 부담시킬 수 있다.

공동구의 비용 부담

사업시행자는 정비사업을 시행하는 지역에 전기, 가스 등의 공급시설을 설치하기 위해 공동구를 설치하는 경우에는 다른 법령에 의해 공동구에 수용될 시설을 설치할 의무가 있는 자에게 공동구 설치에 소요되는 비용을 부담시킬 수 있다.

(4) 보조와 융자

국가 또는 시·도는 시장, 군수 등이 시행하는 정비사업에 대한 기초조사 및 정비사업시행에 필요한 시설로서 대통령령이 정한 정비기반시설 설치에 소요되는 비용 일부를 보조 혹은 융자할 수 있다.

시장, 군수는 사업시행자가 공기업 등인 주거환경개선사업과 관련해 정비기반시설을 설치하는 경우, 설치에 소요되는 비용의 전부 혹은 일부를 공기업 등에게 보조해야 한다. 국가 또는 지방자치단체는 시장, 군수가 아닌 사업시행자가 시행하는 정비사업에 소요되는 비용 일부를 보조 혹은 융자할 수 있다.

정비기반시설

(1) 정비기반시설 설치

설치자와 설치지역

사업시행자는 관할 지방자치단체장과의 협의를 거쳐 정비구역 안에 정비기반시설을 설치해야 한다.

매수 청구

정비기반시설 설치를 위해 토지 혹은 건축물이 수용된 자는 정비구역 안에 소재하는 대지 혹은 건축물로서 매각 대상이 되는 대지 혹은 건축물에 대해 다른 사람에 우선해 매수 청구할 수 있다.

(2) 정비기반시설 및 토지 등의 귀속

시장, 군수 등이 시행자인 경우

먼저, 종래의 정비기반시설은 사업시행자에게 무상으로 귀속된다.

그리고 설치된 정비기반시설은 시설을 관리할 국가 혹은 지방자치단체에 무상으로 귀속된다.

새로이 설치한 정비기반시설은 시설을 관리할 국가 혹은 지방자치단체에 무상으로 귀속된다. 용도가 폐지되는 국가 혹은 지방자치단체 소유의 정비기반시설은 새로이 설치한 정비기반시설 설치비용에 상당하는 범위 안에서 사업시행자에게 무상으로 양도된다.

귀속시기

사업시행자는 관리청에 귀속될 정비기반시설과 사업시행자에게 귀속 혹은 양도될 재산의 종류와 세목을 정비사업의 준공 전에 관리청에 통지해야 한다.

국·공유재산

(1) 국·공유재산의 처분

관리청의 협의

시장, 군수는 인가하고자 하는 사업시행계획 혹은 직접 작성하는 사업시행계획서에 국·공유재산의 처분에 대한 내역이 포함되어 있는 때에는 미리 관리청과 협의해야 한다.

매각·양도 제한

정비구역 안의 국·공유재산은 정비사업 외의 목적으로 매각하거나 양도할 수 없다.

매각 방법

정비구역 안의 국·공유재산은 국유재산법 혹은 지방재정법에 의한 국유재산관리계획이나 공유재산관리계획과 국유재산법 및 지방재정법에 의한 계약의 방법에도 불구하고 사업시행자 혹은 점유자 및 사용자에게 다른 사람에 우선해 수의계약으로 매각 혹은 임대할 수 있다.

(2) 국·공유재산의 임대

지방자치단체 등은 주거환경개선구역 및 주택재개발구역에서 임대주택을 건설하는 경우에는 국유재산법 혹은 지방재정법 규정에도 불구하고 국·공유지 관리청과 협의해 정한 기간 동안 국·공유지를 임대할 수 있다.

시장, 군수는 임대하는 국·공유지의 토지 위에 국유재산법 혹은 지방재정법 규정에도 불구하고 공동주택 그 밖의 영구건축물을 축조하게 할 수 있다.

부동산 공법 탐구
주택재개발사업의 지상과제

도시를 재생하고 재활용하는 과정에서 부작용 중 하나가 굴러온 돌이 박힌 돌을 마구 빼내는 데 있다. 갈수록 낮아지는 원주민 재정착률은 개발 부작용 중 하나다. 이는 분양가격의 거품 때문이다. 거품이 주입된 것은 주거시설의 변종 및 변질 때문이다. 주거시설을 행복의 공간으로 여겨 보금자리, 둥지로 생각해야 하지만, 현실은 딴판이다. 주거시설을 투자 공간으로 인식하는 순간부터 거품이 주입되는 것이다. 시발점이 잘못되었다. 건설사는 완판을 위해 이미 투자자들을 모집했기 때문이다.

삶의 질은 뒷전이고 프리미엄 사수에 목숨을 건다. 여기에 목숨을 거는 아파트 투자자들이 합류한다. 일종의 거품 협력자인 셈이다. 헌 집 주고 나서 새집을 통해 거품이 무차별적으로 발산한다. 이는 아파트 미분양과 미입주 현상의 원흉이다.

대한민국 주택재개발의 이중고

① 원주민 재정착률↓
② 미분양률↑

이 2가지 현상 모두 거품으로 인해 생긴 화마다. 서울에서 내 집을 마련한 자가 50% 안팎으로 장기간 유지되는 것은 낮은 원주민 재정착률로 인해 생긴 '높아진 내 집의 상실률' 때문이다. 재개발 과정에서 내 집을 상실하고 만다. 헌 집이라는 이유 하나로 내 집이 있던 공간이 공공의 집으로 바뀐다.

서울에 아파트 공급량이 많은 것은 높은 분양가를 보장받을 수 있기 때문이다. 제2의 강남이 서울 속에서 속출하는 이유다. 예를 들어, 마용성(마포구·용산구·성동구)이 강남을 롤모델로 강남 분양가를 따라잡으려 노력 중이다. 오죽했으면 강북도 강남을 롤모델로 여기고 있겠는가. 주택재개발의 대의명분은 하나다. 개발로 인한 삶의 질적 가치의 승화. 행복의 공간으로 여기는 순간부터 사람들은 행복해지고 투자의 공간으로 여기는 순간부터는 조급증 환자로 바뀔 공산이 높다. 재개발의 목적은 하나다. 둘이 되는 순간부터 내 집 마련하기가 힘들어지는 것이다. 실수요 겸 투자의 공간은 없다. 아니 성공적인 재개발을 위해서 있어서는 안된다.

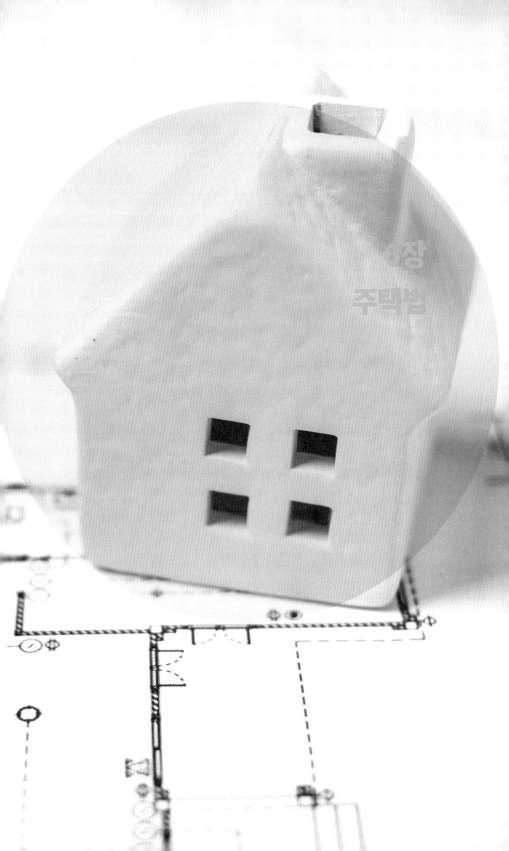

6장
주택법

주택법의 존재가치

주택법은 삶의 질을 높이고 국가의 주거안정을 위해 필요하다. 주택법을 사용하는 자는 주택법을 통해 행복해지는 법을 배우지 않으면 안 된다.

주택의 종류

(1) 구조에 따른 분류

단독주택

단독주택, 공관, 다중주택, 다가구주택

공동주택

대지, 건물의 벽, 복도, 계단 기타 설비 등의 일부 혹은 전부를 공동으로 사용하는 각 세대가 하나의 건축물 안에서 각각 독립된 주거생활을 영위할 수 있는 구조로 된 주택

- 아파트 : 5개 층 이상의 주택
- 연립주택 : 동당 건축연면적이 660㎡를 초과하는 4개 층 이하의 주택
- 다세대주택 : 동당 건축연면적이 660㎡ 이하인 4개 층 이하의 주택

(2) 재원에 따른 분류

국민주택

국민주택기금의 자금지원을 받아 건설하거나 개량되는 주택

민영주택

국민주택기금의 자금지원 없이 민간자본에 의해 건설되거나 개량되는 주택

민간건설 중형국민주택

국민주택 중 국가, 지방자치단체, 공기업 또는 지방공사 이외의 사업 주체가 건설하는 60㎡ 초과 85㎡ 이하의 주택

주택규모의 제한

주택법에 의해 사업 주체가 건설, 공급하는 주택은 세대당 규모의 제한을 받는다.

- 단독주택 – 1호당 330㎡ 이하
- 공동주택 – 1세대당 296㎡ 이하
- 국민주택 – 1호당 혹은 1세대당 85㎡ 이하

부대시설, 복리시설, 간선시설

부대시설은 주차장, 관리사무소, 담장, 건축설비 기타 이에 준하는 시설을 말한다.

복지시설은 어린이놀이터, 구매시설, 의료시설, 주민운동시설, 일반목욕장, 입주자집회소 기타 거주자 생활복리와 복지를 위해 필요한 공동시설을 말한다.

간선시설은 도로, 상하수도, 전기시설, 가스시설, 통신시설, 지역난방시설 등 주택단지 안의 기간시설과 그 기간시설을 당해 주택단지 밖에 있는 동종의 기간시설에 연결시키는 시설을 말한다.

남이섬 일대 풀빌라

주택종합계획

수립권자 및 수립 내용

국토교통부장관은 국민의 행복과 안녕을 위해 주택종합계획을 수립, 시행해야 한다.

수립 내용은 다음과 같다.

첫째, 주택정책의 기본목표와 기본 방향에 대한 사항이다.

둘째, 국민주택, 임대주택 건설 및 공급에 대한 사항이다.

셋째, 주택, 택지의 수요·공급 및 관리에 대한 사항이다.

넷째, 주택자금 조달과 운용에 대한 사항이다.

다섯째, 주택리모델링에 대한 사항이다.

수립 및 실시 절차

(1) 주택종합계획의 수립

주택종합계획은 국토기본법에 의한 국토종합계획에 적합해야 한다. 국가, 지방자치단체, 공기업(LH) 및 지방공기업 규정에 의해 주택건설사업을 목적으로 건립된 지방공사인 사업 주체는 주택종합계획이 정한 바에 따라 주택건설사업 혹은 대지조성사업을 시행해야 한다.

국토교통부장관은 주택종합계획을 수립하고자 하는 때에는 미리 관계중앙행정기관의 장 및 시·도지사에게 주택종합계획에 반영되어야 할 정책 및 사업에 관한 소관별 계획서의 제출을 요청할 수 있다.

국토교통부장관은 제출받은 소관별 계획서를 기초로 주택종합계획안을 마련해 관계중앙행정기관의 장과 협의하고 주택정책심의위원회 심의를 거쳐 확정한다.

부동산 공법 탐구
국토기본법

국토 발전 및 국민의 복지 향상을 위해 지난 2002년 2월 4일 제정한 법률이다. 총칙, 국토계획의 수립, 국토계획의 효율적 추진, 국토정보체계의 구축, 국토정책위원회, 보칙의 6장과 33조 그리고 부칙으로 구성되어 있다.

지방공기업은 다음의 사업을 하는 기업이어야 한다.

· 수도마을(마을 상수도사업은 제외)
· 공업용 수도사업
· 궤도사업(도시철도사업 포함)

- 자동차운송사업
- 지방도로사업(유료도로사업만 해당)
- 하수도사업
- 주택사업
- 토지개발사업
- 체육시설사업
- 관광사업(카지노는 제외)

(2) 시·도 주택종합계획 수립

시·도지사는 주택종합계획에 따라 대통령령이 정한 범위 안에서 당해 특별시, 광역시, 도의 조례가 정한 바에 의해 연도별 시·도 주택종합계획을 수립해야 한다. 시·도 주택종합계획 수립 기준에 대해서는 국토교통부장관이 정한다.

주택건설

사업 주체

(1) 등록사업자

등록요건

연간 20호 이상의 단독주택이나 20세대 이상의 공동주택의 건설사업 혹은 연간 10,000㎡ 이상의 대지조성사업을 영위하고자 하는 자는 일정한 기준을 맞추어 국토교통부에 등록해야 한다.

단 다음의 사업 주체는 등록하지 않아도 된다.

- 국가, 지방자치단체
- 한국토지주택공사
- 지방공사
- 주택건설사업을 목적으로 설립된 공익법인
- 주택조합
- 근로자를 고용하는 자

등록사업자의 결격사유

- 미성년자, 금치산자, 한정치산자
- 파산자로서 복권되지 않은 자
- 법인의 임원 중 결격사유에 해당되는 자가 있는 법인

(2) 비등록사업자

공동사업 주체

국가, 지방자치단체, 한국토지주택공사 및 지방공사는 주택건설사업 혹은 대지조성사업을 할 수 있다.

주택조합의 의의

다수의 구성원이 주택을 마련하거나 리모델링하기 위해 결성하는 조합을 말한다.

주택조합의 종류

지역주택조합

동일한 특별시, 광역시, 시 또는 군에 거주하는 주민이 주택을 마련하기 위해 설립한 조합

직장주택조합

동일한 직장 근로자가 주택을 마련하기 위해 설립한 조합

임대주택조합

주택을 임대하고자 하는 자가 임대주택을 건설 혹은 매입하기 위해 설립한 조합

리모델링주택조합

공동주택 소유자가 당해 주택을 리모델링하기 위해 설립한 조합

공동사업 주체

토지 소유자와 등록사업자

토지 소유자가 주택을 건설하는 경우에는 등록사업자와 공동으로 사업을 시행할 수 있다. 이 경우, 토지 소유자와 등록사업자를 공동사업 주체로 본다.

주택조합과 등록사업자

주택조합이 그 구성원의 주택을 건설하는 경우에는 등록사업자와 공동으로 사업을 시행할 수 있다. 이 경우, 주택조합과 등록사업자를 공동사업 주체로 본다.

고용자와 등록사업자

고용자가 그 근로자의 주택을 건설하는 경우에는 등록사업자와 공동으로 사업을 시행해야 한다. 이 경우, 고용자와 등록사업자를 공동사업 주체로 본다.

주택건설의 승인

(1) 사업계획 승인

원칙적으로 승인권자는 시·도지사다. 예외적으로 국토교통부장관이 승인권자가 될 수 있다. 다음의 경우에 해당된다.

첫째, 국가, 한국토지주택공사가 사업 주체인 경우다.

둘째, 330만㎡ 이상의 규모로 택지개발사업 혹은 도시개발사업을 추진하는 지역 중 국토교통부장관이 지정, 고시하는 지역 안에서 주택건설사업을 시행하는 경우다.

셋째, 수도권, 광역시 지역의 긴급한 주택난 해소가 필요하거나 지역균형 개발이 필요해 국토교통부장관이 지정, 고시하는 지역 안에서 주택건설사업을 시행하는 경우다.

(2) 승인 대상

승인 대상은 원칙적으로 20호 이상의 단독주택이나 20세대 이상의 공동주택을 건설하거나 10,000㎡ 이상의 일단의 대지를 조성하고자 하는 자는 사업계획서를 작성해 국토교통부장관 승인을 얻어야 한다.

예외가 있다. 국토의 계획 및 이용에 관한 법률에 의한 도시지역 중 상업지역 혹은 준주거지역 안에서 300세대 미만의 주택과 주택 외의 시설을 동일 건축물로 건축하는 경우로서 다음 요건을 충족하는 경우와 농어촌 주거환경개선사업 중 농업협동조합중앙회가 조달하는 자금으로 시행하는 사업에 대해서는 사업계획 승인 대상에서 제외한다.

- 1세대당 주택 규모가 공동주택 규모에 적합한 경우(1세대당 297㎡)다.
- 당해 건축물 연면적에 대한 주택 연면적 합계비율이 90% 미만인 경우다.

(3) 승인 절차

주택건설사업을 시행하고자 하는 자는 사업계획승인신청서에 주택과 부대시설 및 복리시설 배치도, 대지조성공사설계도서 등 대통령령이 정한 서류를 첨부해 시·도지사 혹은 국토교통부장관에게 제출하고 사업계획승인을 얻어야 한다.

국토교통부장관 혹은 시·도지사는 사업계획 승인신청을 받은 때에는 승인 여부를 사업 주체에 통보해야 한다.

시·도지사는 사업계획을 승인한 때에는 이에 관한 사항을 고시해야 한다. 사업계획승인서와 관련 서류를 시장, 군수 등에게 송부해야 한다.

(4) 승인 효과

공사 착수

사업계획승인을 얻은 사업 주체는 승인을 얻은 사업계획서로 사업을 시행한다.

시·도지사는 다음에서 정한 정당한 사유가 있다고 인정하는 경우에는 사업 주체의 신청에 따라 그 사유가 종료된 날부터 1년 범위 안에서 그 공사의 착수기간을 연장 가능하다.

첫째, 문화재보호법*(이 법은 현행이 아님)에 의해 문화재청장(국가유산청장)의 발굴통지서 교부가 있는 경우다.

둘째, 사업계획승인 조건으로 부과된 사항을 이행함에 따라 공사착수가 지연되는 경우다.

셋째, 천재지변 혹은 사업 주체에게 책임이 없는 불가항력적인 사유로

---

* 문화재보호법 – 2024년 5월 7일부터 국가유산기본법 시행과 동시에 문화유산의 보존 및 활용에 관한 법률(약칭–문화유산법)로 이어지고 있다.

인해 공사착수가 지연되는 경우다.

시·도지사가 사업계획을 승인함에 있어서 다음의 허가, 인가, 결정, 승인, 신고 등에 대해 관계행정기관의 장과 협의한 사항에 대해서는 인허가 등을 받은 것으로 본다.

사업계획 승인고시가 있는 때에는 다음의 관계법률에 의한 고시가 있는 것으로 본다.

- 건축법에 의한 건축허가, 건축신고, 가설건축물의 건축허가 혹은 신고
- 공유수면관리법에 의한 점용 및 사용 허가, 협의 혹은 승인 및 실시계획 인가 혹은 신고
- 공유수면매립법(공유수면 관리 및 매립에 관한 법률)에 의한 공유수면매립 면허, 실시계획 인가 및 협의 또는 승인
- 광업법에 의한 채광계획 인가
- 국토의 계획 및 이용에 관한 법률에 의한 도시관리계획 결정, 개발행위 허가, 도시계획시설사업시행자 지정, 실시계획 인가, 토지거래계약의 허가 및 타인 토지에의 출입 허가
- 농어촌정비법*에 의한 농업기반시설의 목적 외 사용승인
- 농지법에 의한 농지전용의 허가 혹은 협의

---

* 농어촌주택개량촉진법
  농어촌주택 개량을 촉진하고 낙후된 주거환경을 향상시키는 데 필요한 사항을 규정하기 위해 제정한 법(2001. 7. 24, 법률 제6499호). 2008년 12월 31일까지 적용되었으며 현재는 농어촌정비법에 의해 해당 사항을 규정하고 있다.

- 도로법에 의한 도로공사시행의 허가 및 도로점용 허가
- 도시개발법에 의한 도시개발구역 지정, 시행자 지정, 실시계획 인가 및 허가
- 사도법에 의한 사도 개설허가
- 사방사업법에 의한 토지의 형질변경 등의 허가, 사방지지정의 해제
- 산지관리법에 의한 산지전용허가 및 산지전용신고와 산림법에 의한 보안림 안에서의 허가 및 입목 벌채 등의 허가
- 소하천정비법에 의한 소하천공사 시행의 허가 및 소하천의 점용 등의 허가 혹은 신고
- 수도법에 의한 수도사업 인가 및 전용상수도설치의 인가
- 연안관리법에 의한 연안정비사업실시계획 승인
- 오수·분뇨 및 축산 폐수의 처리에 관한 법률(2006. 6. 9. 폐지)에 의한 오수처리시설 혹은 정화조 설치 신고
- 유통산업발전법에 의한 대규모점포의 등록
- 장사 등에 관한 법률에 의한 무연분묘 개장허가
- 지하수법에 의한 지하수개발·이용의 허가 혹은 신고
- 초지법에 의한 초지전용 허가
- 측량법*에 의한 측량성과사용의 심사
- 택지개발촉진법에 의한 행위의 허가
- 하수도법에 의한 공공하수도에 관한 공사시행의 허가
- 하천법에 의한 하천공사시행의 허가 및 하천공사실시계획 인가, 하천의 점용 등의 허가

* 측량법 – 측량의 정확성을 확보하기 위해 지난 1986년 12월 제정되었다.
  측량의 의미는 토지 및 해저지형의 측량을 말하며, 지도 및 해저지형도의 제작과 측량용 사진 촬영도 포함된다.

사업시행

(1) 주택건설용지 조성

국·공유지 우선 매각, 임대

국가와 지방자치단체는 소유 토지를 매각하거나 임대할 때 국민주택규모의 주택을 대지에 건설하는 주택수의 50% 이상으로 건설하는 주택과 주택조합이 건설하는 주택건설 혹은 이의 건설을 위한 대지조성을 목적으로 토지 매수나 임차를 원하는 자가 있을 때에는 타인에 우선해 매각하거나 임대할 수 있다.

국가와 지방자치단체는 국가와 지방자치단체로부터 토지를 매수하거나 임차한 자가 매수 혹은 임차일부터 2년 이내에 국민주택규모의 주택 혹은 조합주택을 건설하지 않거나 주택건설을 위한 대지조성사업을 시행하지 않은 때에는 환매하거나 임대계약을 취소할 수 있다.

환지 방식에 의한 조성대지 활용

사업 주체가 국민주택용지로 사용하기 위해 도시개발사업시행자에게 체비지 매각을 요구한 때에는 도시개발사업시행자는 체비지 총면적의 2분의 1 범위 안에서 우선적으로 사업 주체에게 매각할 수 있다. 체비지는 도시개발사업시행자가 사업에 필요한 경비를 충당하기 위해 환지계획에서 일정한 토지의 환지를 정하지 않은 토지를 말한다.

사업 주체가 도시개발법에 의한 환지계획의 작성 전에 체비지 매각을 요구한 때에는 도시개발사업시행자는 사업 주체에게 매각할 체비지를 환지계획에서 하나의 단지로 정해야 한다.

체비지 양도가격은 지가공시 및 토지 등의 평가에 관한 법률(이 법은 현행이 아님-부동산 가격 공시 및 감정평가에 관한 법률로 대체됨)에 의한 감정평가업자가 감정평가한 감정가격을 기준으로 한다.

(2) 주택건설 등의 사업 주체에 대한 보호

토지 등의 수용 및 사용

국가, 지방자치단체, 한국토지주택공사 및 지방공사인 사업 주체가 국민주택을 건설하거나 국민주택을 건설하기 위한 대지를 조성하는 경우에는 토지나 토지에 정착한 물건 및 그 토지나 물건에 대한 소유권 외의 권리를 수용 혹은 사용할 수 있다.

타인 토지에의 출입

국가, 지방자치단체, 한국토지주택공사, 지방공사인 사업 주체가 사업계획 작성을 위한 조사 혹은 측량하고자 하는 경우와 국민주택사업을 시행하기 위해 필요한 경우에는 타인의 토지에 출입하거나 특별한 용도로 이용하지 않는 타인의 토지를 재료적치장 혹은 임시도로로서 일시사용할 수 있다. 특히 필요한 죽목, 토석 그 밖의 장애물을 변경하거나 제거할 수 있다.

- 타인 토지에의 출입 등으로 인해 손실을 받은 자가 있는 때에는 그 행위를 한 사업 주체가 손실을 보상해야 한다.
- 보상협의가 성립되지 않거나 협의할 수 없을 때에는 공익사업을 위한 토지 등의 취득 및 보상에 관한 법률에 의한 관할 토지 수용위원회에 재결 신청이 가능하다. 토지 수용위원회 재결에 대해서는 공익사업을 위한 토지 등의 취득 및 보상에 관한 법률 규정을 준용한다.

주택 감리

시·도지사는 주택건설사업계획을 승인하는 때에는 대통령령이 정한 바에 따라 주택건설공사를 감리할 자를 지정해야 한다.

감리자의 업무는 다음과 같다.

첫째, 시공자가 설계도서에 적합하게 시공하는지 여부를 확인한다.

둘째, 시공자가 사용하는 건축자재가 관계법령에 의한 기준에 적합한 건축자재인지 여부를 확인한다.

셋째, 주택건설공사에 대한 건설기술관리법 규정에 의한 품질시험의 실시 여부를 확인한다.

주택 공급의 원칙

주택 공급에 대한 규칙은 사업 주체가 사업계획승인을 얻어 건설하는 주택 및 복리시설 공급에 적용한다.

단, 다음의 주택에는 주택 공급에 대한 규칙을 적용하지 않는다.

첫째, 정부 시책 일환으로 국가, 지방자치단체 혹은 지방공사가 건설하는 농촌주택이다.

둘째, 국가기관, 지방자치단체 혹은 법인이 공무원 혹은 그 소속 근로자 관사나 숙소로 사용하기 위해 건설하는 주택이다.

셋째, 외국 정부와 협약에 의해 국내에 영주 귀국하는 동포를 위해 건설하는 주택이다.

주택법과 건축법은 마치 재개발과 재건축을 관철하는 것 같다. 주택법이 재개발 모드와 같은 것은 시야를 광범위하게 봐야 하기 때문이다. 망원경을 장착해야 한다. 건축법이 재건축 모드를 연상하게 하는 것은 현미경을 필요로 하기 때문이다. 정밀한 접근이 필요하다. 이로써 주택법은 지역혁명을 통해 존재감을 외부에 알리는 형태라면(재개발 방식과 흡사), 건축법은 지역혁신(변신)을 통해 존재감을 알린다(재건축 방식과 흡사).

이 땅에는 원래 길고 짧은 것은 존재하지 않았다. 하나였기 때문이다. 이런 이치로 본다면 주택법으로부터 파생, 분만한 게 바로 건축법이다. 법을 세분화시킨 셈이다. 마치 용도의 분화 과정처럼 말이다(예 : 용도지역, 용도지구, 용도구역). 전문화와 분업화를 통해 품격을 높이기 위해서다. 주택이 존재해야 건축행위가 가능하다. 주택법이 있음으로 건축법이 통용되는 법이다. 마치 택지가 있어야 주거시설 조성이 가능하듯 말이다. 택지의 의미는 주거시설은 물론, 상업 및 업무시설 등도 조성할 수 있는 잠재가치가 높은 토지다.

좋은 땅에는 주택건설이 가능한 땅, 건축 가능한 땅이라는 2가지 의미가 있다. 좋은 땅의 의미도 주택법처럼 그 속성이 광범위하다. 쉽게 정하기 힘들다. 융통성이 강하기 때문이다. 지금 당장 지을 수 있는 땅이냐, 아니면 차후에 지을 수 있는 땅이냐의 차이는 크다. 하나는 현재의 가치고 하나는 미래가치기 때문이다. 보이는 것과 보이지 않는 것의 차이는 크다.

예컨대 용적률 사용이 법리상으로 불가능한 땅의 경우, 주변가치에 의해 가치를 인정받는다. 즉, 보이는 용적률과 보이지 않는 용적률을 잘 분간해야 한다. 보이는 용적률은 내 땅 주변의 주거시설의 용적률이요, 보이지 않는 용적률이란 내 땅을 가리키는 것이다.

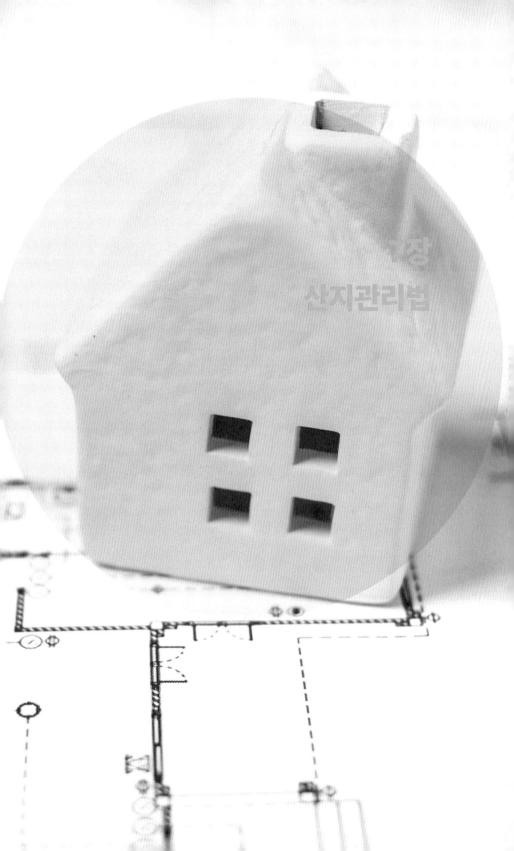

7장
산지관리법

산지관리법

산지관리법의 존재가치

사용가치 극대화를 통해 존재가치를 높이는 게 농지법의 취지라면, 산지관리법이 추구하는 목표는 보존가치를 높여서 존재감과 현장감을 높이는 것이다. 하나는 활용을, 하나는 보호조치를 통해 그 임무를 수행한다. 그러나 둘 다 산지 및 농지전용 과정을 밟음으로서 가치를 극대화한다는 면에서는 그 성격이 같다. 임야와 농지가 국토 대부분을 차지해 산(山)을 통한 농지 공부를 해야 한다. 농지의 과거가 임야이기 때문이다. 농지는 100% 실수요용이지만, 임야는 그렇지 않다. 농지법과 산지법의 차이다.

산지

(1) 산지의 의의

전 국토의 63%를 차지하는 임야 대부분은 악산으로, 야산은 드물다. 그린벨트 해제가 쉽지 않고 맹지 분포도가 많은 이유이리라. 국토의 용도지역 절반 정도가 농림지역으로 분포되어 있지만, 지목 중에서 임야는 존재가치가 높다. 개발 1순위다. 경제원론에 적합한 땅이기 때문이다. 대지와 같이 완성도가 매우 높은 땅을 개발하는 개발업자는 없다. 수익성과 사업성이 낮기 때문이다. 산지관리법을 제대로 공부해야 하는 이유다. 농지가 실수요가치를 극대화할 수 있다면, 산지는 개발가치를 극대화할 기회로 투자 가치를 기대할 수가 있다. 휴경지라는 말은 있어도 '휴림지'라는 말은 없다. 농지는 100% 실수요가치에 의해 존재감을 외부로 알리고 산지는 보호와 보지의 가치가 높기 때문이다. 산은 보호가 급선무다. 1순위다. 개발은 2순위다. 신도시 및 택지개발 과정에서 요긴하게 활용할 가치가 있는 땅이다.

(2) 산림에 해당하는 것

- 집단적으로 생육하고 있는 입목·죽과 토지 및 그 토지 안의 암석지, 소택지(늪과 못이 많은 습한 땅)
- 집단적으로 생육하고 있는 입목·죽이 일시 상실된 토지와 그 토지 안의 암석지, 소택지
- 입목·죽의 집단적 생육에 사용하게 된 토지와 그 토지 안의 암석지, 소택지
- 임도

(3) 산림에 해당되지 않는 것

- 농지(초지 포함), 주택지, 도로
- 과수원
- 입목·죽이 자라고 있는 건물장 내의 토지

- 입목·죽이 자라고 있는 전답의 규반(밭두둑, 논두렁)과 가로수가 자라고 있는 도로
- 입목·죽이 자라고 있는 지적공부상의 하천, 제방, 구거(개골창, 도랑), 유지 및 하천법에 의한 하천구역

(4) 산림의 분류
- 국유림 - 국가 소유의 산림
- 공유림 - 지방자치단체 및 기타 공공단체가 소유하는 산림
- 사유림 - 국유림 및 공유림 이외의 산림으로 개인 혹은 사법인이 소유하는 산림

북한산국립공원 일대 산지

임야

목적이 확실한 농지(실수요)와 달리 임야 거래는 2가지로 분기된다. 투자가치를 기대하고 거래하는 경우와 개발가치에 무게중심을 두고 거래하는 경우다. 전자가 기획부동산 회사에서 자행되고 있다면 후자는 중개인들

을 통해서 거래가 횡행하고 있다고 볼 수 있다. 문제는, 산림 훼손 정도가 갈수록 심해지고 있다는 사실이다. 비전문가와 비정상적인 사람들로 인해 산림이 훼손되는 것이다. 악산에다 일단 토목공사부터 해댄다. 눈 가리고 아웅한다. 마치 개발가치가 높은 것처럼 보이게 하거나(수익성) 단순히 환금성을 높이기 위한 전략에 불과한 것이리라.

산림 훼손 정도가 심해지는 이유다. 가평군과 양평군 일대, 서울과 가까운 수도권 일대 임야가 상처를 입은 경우가 많다. 물과 더불어 산림보호가 지상과제인 지자체에서 버젓이 벌어지는 행태다. 전원주택 1번지와 물의 도시라는 대의명분을 내세워 전원주택을 짓는 일이 다반사다. 양평군과 가평군의 지역 특징은 면적이 광대하다는 것이다. 경북 일대(안동시, 상주시 의성군)와 강원 일대(평창군, 정선군)도 면적이 넓고 악산이 많다. 물이 맑고 보존이 잘되어 있다면 그곳은 십중팔구 악산 분포도가 넓을 것이다. 산의 원료가 곧 맑은 물이기 때문이다. 오염된 물은 산을 붕괴시킨다. 산지법의 존재가치가 갈수록 높아지는 이유 중 하나이리라.

대한민국의 산지개발은 거의 개척 수준이다. 주택단지 주변의 인구 급증 현상으로 인해 주거시설을 짓기 위한 산지개발은 거의 없다고 보면 틀림없기 때문이다. 산지남용으로 인한 난개발의 주범이 바로 무분별한 산지개발인 것이다. 단순히 낮은 산이라고 해서 무조건 개발부터 하는 행동은 무리다. 지역발전에 유리하지 않다. 절대 불리하다.

삼림(森林)

영림계획 인가

시장, 군수는 산림보호와 육성을 위해 필요하다고 인정하는 경우에는 공유림 혹은 사유림의 산림소유자의 신청을 받아 공유림 혹은 사유림의 영림계획을 인가하고, 필요한 경영 지도 등을 할 수 있다.

영림계획 인가를 받은 산림소유자가 정당한 사유 없이 인가된 내역대로 사업하지 않을 때, 영림계획에 의한 조림, 육림, 벌채 등의 실적이 50% 미만인 경우, 사업 정지명령에 따르지 않거나 사업 대행에 동의하지 않은 경우 취소가 가능하다.

영림계획 인가를 받은 자는 영림계획에 따라 조림, 육림, 벌채, 기타 사업을 해야 한다. 시장, 군수는 영림계획 인가를 받지 않은 산림소유자가 사업을 소홀히 하거나 하지 않은 경우, 산림보전을 위해 필요하다고 인정하는 때에는 사업을 대행 혹은 직접 사업할 수 있다.

국유림

국유림에는 요존국유림과 불요존국유림이 있다. 요존국유림(要存國有林)은 국토 보존, 산림경영, 학술연구, 임업기술개발, 사적, 성지 등 기념물 및 유형문화재 보호, 기타 공익상 국유로 보존할 필요가 있는 산림을 말한다. 불요존국유림(不要存國有林)은 요존국유림 이외의 모든 국유림을 말한다.

요존국유림은 다음과 같은 특수성을 가지고 있다.

첫째, 매각, 교환, 양여(민법상 '증여') 할 수 없다.

둘째, 반드시 영림계획을 작성해야 한다.

셋째, 요존국유림은 보전임지의 일종이므로 각종 제한을 받는다.

넷째, 요존국유림은 분수림*의 설정을 하지 못한다.

(1) 국유림 관리와 처분

원칙적으로 산림청장이 국유림을 관리 혹은 처분하나, 국유재산상 행정재산 및 보존재산에 해당하는 국유림으로서 다른 관리청에 속하는 것은 그러하지 않는다.

(2) 국유림의 영림계획

산림청장은 국유림의 영림계획을 작성해야 한다. 불요존국유림과 산림청장이 관리하지 않는 국유림에 있어서는 영림계획을 작성하지 않을 수

---

* 분수림(分收林) — 산림으로부터 얻는 수익의 분수를 목적으로 산림소유자(국가 또는 개인)와 사업자(施業者) 간의 계약을 체결하고 조림을 실시한 국유림 혹은 민유림

있다. 이 경우, 산림청장 이외의 관리청이 입목·죽을 벌채하고자 할 때에는 산림청장 승인을 받거나 동의를 얻어야 한다.

(3) 국유림의 대부

대부, 사용 허가 요건

산림청장은 다음의 경우에 한해 국유림을 대부 혹은 사용 허가하거나 국유재산법의 관리청에 대해 국유림의 사용승인을 할 수 있다.

- 공용, 공공용 혹은 공익사업을 위해 필요할 때
- 목축, 종축업* 혹은 광업을 위해 필요할 때
- 산업시설을 위해 필요할 때
- 국유임산물의 매수자가 그 산물을 채취, 가공, 운반하는 시설을 하기 위해 필요할 때
- 산림조합 혹은 산림조합중앙회가 사업 목적의 달성을 위해 직접 필요로 할 때
- 초중등교육법 및 고등교육법 규정에 의한 학교 용지로 사용하기 위해 필요할 때
- 휴양림, 수목원, 수렵장의 시설을 위해 필요할 때
- 청소년수련시설을 위해 필요할 때

---

* 종축업(種畜業) – 축산법에서 종축을 사육하고 그 종축으로부터 번식력 가축 혹은 씨알을 생산해 판매하는 업

- 법 혹은 다른 법령 규정에 의해 사용이 금지 혹은 제한되었거나 사용계획이 확정된 국유림이 아닐 것
- 대부는 불요존국유림에 한해, 사용 허가는 요존국유림에 한해서 할 것
- 목축을 위한 대부는 초지법에 의한 초지 조성허가를 받은 경우에 한해, 종축업을 위한 국유림 대부는 축산법에 의한 종축업등록을 한 경우에 한해서 할 것
- 다른 법령 규정에 의해 허가, 인가, 승인, 지정, 등록, 신고, 협의 등의 처분이 필요한 경우에는 그 처분이 있을 것

대부, 사용 허가의 취소

산림청장은 다음에 해당하는 경우에는 대부 혹은 사용 허가를 취소해 대부 혹은 사용 허가를 한 산림의 전부 혹은 일부를 반환시킬 수 있다.

- 지정 기간 내 대부료 혹은 사용료를 납부하지 않은 경우
- 대부 혹은 사용 목적인 사업이 진척되지 않은 경우
- 착오로 인해 대부 혹은 사용 허가를 한 경우
- 국가 혹은 지방자치단체의 사업이나 공익사업을 위한 토지 등의 취득 및 보상에 관한 법률의 공익사업을 위해 필요하다고 인정될 때

보안림

(1) 보안림의 지정 기준과 목적

- 토사 유출과 붕괴 및 비사(飛砂)의 방비

- 수원의 함양과 어류의 유치 및 증식
- 낙석 방비
- 명소 혹은 고적 기타 풍치의 보존
- 공중 보건

(2) 보안림의 지정해제

- 지정 목적을 달성했거나 지정 목적이 상실되었을 때
- 천재지변으로 인해 보안림으로 존치할 가치가 사라졌을 때
- 학교시설, 농로시설, 주요산업시설, 군사시설 기타 대통령령이 정한 공용, 공공용시설 용지로 사용하기 위해 지정해제가 불가피하다고 인정할 때
- 농업, 임업, 어업, 광업이나 공익 목적을 위해 지정해제가 불가피하다고 인정되는 경우로서, 대통령령으로 정한 사유가 발생할 때

산림의 보호와 개발

산림유전자원보호림

(1) 산림유전자원보호림 등의 지정

시·도지사 혹은 지방산림관리청장은 산림 내 식물의 유전자와 종 혹은 산림생태계 등의 보전을 위해 필요한 산림을 산림유전자원보호림으로, 시험 목적 달성을 위한 시험목이나 내충성목(耐蟲性木) 등을 시험림으로, 기타 보존가치 높은 노목, 거목, 희귀목을 보호수로 각기 지정 가능하다.

(2) 산림유전자원보호림 등의 지정해제

시·도지사 혹은 지방산림관리청장은 다음에 해당하는 사유가 발생한 때에는 산림유전자원보호림, 시험림, 보호수의 전부 혹은 일부에 대해 그 지정을 해제가 가능하다.

첫째, 지정 목적을 달성해 산림유전자원보호림 등으로 존치할 필요성이 없다고 인정할 때다.

둘째, 천재지변 등으로 인한 피해로 지정 목적이 상실되었다고 인정할 때다.

셋째, 군사시설, 기타 대통령령이 정한 공용, 공공용 시설 용지로 사용하기 위해 지정해제가 불가피하다고 인정할 때다.

시·도지사 혹은 지방산림관리청장은 지정을 해제한 경우 그 사실을 소유자에게 통지하고 이를 고시해야 한다.

산림 개발

(1) 특수개발지역

산림청장은 장기간에 걸쳐 대단지로 개발할 필요가 있는 산림지역을 직권 혹은 신청에 의해 특수개발지역으로 지정할 수 있다. 지정 기준은 1개 단지의 면적이 300ha 이상이고, 그중 자원조성 대상이 되는 면적이 50% 이상의 산림지역이어야 한다. 목재 등 임산물 생산을 위한 경영기반 조성사업과 다음에 해당하는 사업을 경영하는 데 적합한 입지요건을 갖추어야 한다.

- 임간초지 조성과 임간방목사업
- 산나물, 화훼, 버섯류 및 임간관상수 재배사업
- 양봉, 조수류 사육사업
- 청소년 수련사업
- 과수원, 뽕밭조성사업
- 자연휴양림, 수목원 조성사업
- 휴양시설 조성사업
- 임업기술 시험연구

• 농촌과 산촌 정주기반 혹은 산림소득원 조성사업

산림청장은 다음의 사유가 있는 때에는 특수개발지역의 전부 혹은 일부에 대해 지정해제를 할 수 있다.

• 특수개발지역 지정 목적이 달성되었다고 인정될 때
• 국가 혹은 지방자치단체가 공익사업을 하기 위해 필요한 때
• 특수개발지역사업이 진척되지 않고 있을 때

(2) 자연휴양림, 수목원, 채종림

자연휴양림

산림청장은 국민 보건 휴양 및 산림소유자 소득 증대에 이바지하기 위해 필요하다고 인정될 때에는 경관이 수려한 산림으로서 대통령령이 정한 기준에 해당하는 산림을 자연휴양림으로 지정할 수 있다.

수목원

산림청장은 산림에 대한 자연학습교육, 유전자원의 보전과 전시 등을 위해 산림 안에 수목원을 조성할 수 있다.

채종림, 수형목

산림청장은 우량한 조림용 종자를 채취하기 위해 필요하다고 인정한 때에는 산림이나 수목을 채종림 혹은 수형목*으로 지정할 수 있다.

* 수형목(秀型木) – 표현형(表現型)이 특히 우량한 성질을 가진 나무다. 병충해 피해도 받지 않는 외형상 우량목이 바로 수형목이다.

산림 보호

입목 벌채 등의 제한

허가 혹은 신고가 필요한 경우

먼저, 산림 안에서 입목 벌채, 임산물 굴취와 채취를 하고자 하는 자는 농림축산식품부령이 정한 바에 따라 시장, 군수, 지방산림관리청장 허가를 받아야 한다.

또한, 입목 벌채 혹은 임산물 굴취와 채취의 허가를 받은 자가 허가받은 사항을 변경하고자 할 때에는 농림축산식품부령이 정한 바에 따라 시장, 군수, 지방산림관리청장 허가를 받아야 한다.

마지막으로, 입목 벌채 혹은 임산물 굴취와 채취의 신고를 한 자가 신고한 사항을 변경하고자 할 때에는 농림축산식품부령이 정한 바에 따라 시장, 군수, 지방산림관리청장에게 신고해야 한다.

허가 혹은 신고가 필요 없는 경우

- 영림계획에 따라 사업을 하는 경우
- 휴양림조성계획의 승인을 얻은 산림의 경우
- 수목원조성계획의 승인을 얻은 산림의 경우
- 산림청장 소속의 시험연구기관이 소관 국유림에서 시험, 연구에 필요한 사업을 하는 경우
- 문화재청장(국가유산청장)이 소관 국유림에서 문화재보호를 위한 사업을 하는 경우
- 산지관리법에 의해 산지전용허가를 받았거나 산지전용신고를 한 자가 산지전용에 수반되는 입목 벌채 혹은 임산물 굴취와 채취를 하고자 하는 경우

- 다음에 해당하는 자가 석재 혹은 토사의 굴취와 채취에 수반되는 입목의 벌채 혹은 임산물 굴취와 채취를 하고자 하는 경우
  - 채석허가를 받았거나 신고를 한 자
  - 토사채취허가를 받거나 신고를 한 자
  - 국유림의 산지에서의 석재, 토사의 매각 혹은 무상양여를 받은 자

산지관리법

산지의 구분

구분 목적

산림청장은 실용적인 산림유지와 관리를 위해 노력해야 하고, 이용 목적에 부합해야 하므로 보전산지와 준보전산지로 구분해야 한다.

보전산지

- 임업용산지 : 집약적인 임업생산 기능의 증진을 위해 존재하며, 요존국유림, 채종림, 시험림, 임업진흥권역 등 산림경영에 적합한 산림 중 대통령령이 정한 산림이다.
- 공익용산지 : 산림의 공익기능과 임업생산 기능의 증진을 위해 존재하는 산림이며 보안림, 산림유전자원보호림, 휴양림, 사방지[*](砂防地), 산지전용제한지역, 조수보호지역, 공원, 문화재보호구역, 사찰림, 상수원보호구역, 개발제한구역, 보전녹지지역, 생태계보전지역, 습지보호구역, 특정도서지역이 이에 해당한다.

* 사방사업 – 황무지 복구와 산지 기타 토지 붕괴, 모래 날림 등을 방지하기 위해 공작물(工作物)을 설치하거나 식물 파종, 식재하는 사업 중 하나다.

준보전산지

보전산지 이외의 산림으로 임업생산과 농림어민 소득 기반 확대 및 산업용지 공급에 이바지할 산림이다.

보전산지

보전산지를 전용하고자 할 때나 허가받은 사항을 변경할 때에는 그 용도를 정해 산림청장의 허가를 받아야 한다. 경미한 사안을 변경할 때는 신고만 하면 된다.

(1) 지정 및 해제

보전산지 지정

산림청장은 보전산지를 지정, 고시하고 시·도지사 혹은 지방산림관리청장에게 통지해야 한다.

보전산지 해제

산림청장은 다음의 경우 보전산지 지정을 해제하고 이를 공시해야 한다.

• 보전산지가 임업용산지 혹은 공익용산지에 해당하지 않는 경우

• 보전산지를 특정 용도로 이용하기 위해 지역, 지구, 구역 등으로 지정 혹은 결정을 협의한 경우로서 보전산지 지정을 해제할 필요가 있는 경우

• 산지전용허가 혹은 산지전용신고에 의해 산지를 다른 용지로 변경한 경우(개별적으로 맹지에 도로를 개설해 맹지가치를 높이듯 보전산지 역시 전용 과정을 통해 산지가치를 높일 수 있다. 다만 맹지 및 보전산지의 입지와 위치가 매우 중요하다. 야산의 입지가 무조건 악산의 입지보다 더 좋다는 보장은 없기 때문이다)

(2) 산지전용허가

원칙적으로 보전산지를 전용하고자 하는 자는 그 용도를 정해 산림청장 허가를 받아야 한다.

산림청장은 산지전용허가의 신청을 받은 때에는 다음의 기준에 적합한 경우에 한해 산지전용허가를 해야 한다.

- 산지전용 행위 제한사항에 해당되지 않을 때
- 인근 산림의 경영, 관리에 큰 지장을 주지 않을 때
- 집단적인 조림성공지 등 우량한 산림이 많이 포함되지 않을 때
- 희귀 야생동식물 보전 등 산림의 자연 생태적 기능 유지에 장애가 발생하지 않을 때
- 토사 유출과 붕괴 등 재해 발생이 우려되지 않을 때
- 산림의 수원 함양 및 수질보전 기능을 크게 해치지 않을 때
- 산지 형태 및 임목 구성 등의 특성으로 인해 보호할 가치가 있는 산림에 해당되지 않을 때
- 사업계획 및 산지전용면적이 적정하고 산지전용방법이 자연경관 및 산림훼손을 최소화하고 산지전용 후의 복구에 지장을 줄 우려가 없을 때

(3) 산지전용허가의 취소

- 부정한 방법으로 허가를 받거나 신고한 경우
- 허가 목적 혹은 조건을 위반하거나 허가 혹은 신고 없이 사업계획이나 사업규모를 변경한 경우
- 대체산림자원조성비를 납부하지 않았거나 복구비를 예치하지 않은

경우
- 재해방지 혹은 복구를 위한 명령을 이행하지 않은 경우
- 허가를 받은 자가 목적사업 중지 등 조치명령을 위반한 경우

대체산림자원조성비

(1) 납부 대상

다음에 해당하는 자는 산지전용에 따른 대체산림자원조성비를 납부해야 한다.

- 산지전용허가를 받고자 하는 자
- 산지전용신고를 받고자 하는 자
- 다른 법률에 의해 산지전용허가 혹은 산지전용신고가 의제되거나 배제되는 행정처분을 받고자 하는 자

대체산림자원조성비[*]를 납부해야 하는 자가 다음에 해당하는 경우에는 산지전용허가 혹은 행정처분을 받거나 산지전용신고를 한 후에 대체산림자원조성비를 납부할 수 있다.

- 일정한 기간 내에 조성비를 납부할 것을 조건으로 하는 경우 : 대체산림자원조성비를 납부하지 않고 산지전용을 할 수 없다.
- 조성비를 분할해 납부할 것을 조건으로 하는 경우 : 분할납부를 담보

[*] 대체산림자원조성비 – 산지전용허가 및 산지일시사용 허가를 받으려는 자, 산지전용허가 혹은 산지전용신고가 의제되거나 배제되는 행정처분을 받으려는 자가 산지 보전, 관리 및 조성을 위해 납부하는 비용

할 수 있는 이해보증금을 예치해야 한다.

조성비는 산지전용 되는 산지 면적에 단위면적당 금액을 곱한 금액으로 하되, 단위면적당 금액은 산림청장이 결정, 고시한다.

(2) 조성비 감면
- 국가 혹은 지방자치단체가 공용 혹은 공공용의 목적으로 산지전용 하는 경우
- 대통령령이 정한 중요 산업시설을 설치하기 위해 산지전용 하는 경우
- 산지전용신고 대상 시설의 설치 혹은 용도로의 사용을 위해 산지전용 하는 경우
- 광물 채굴 혹은 그 밖에 대통령령이 정한 시설 설치 혹은 용도로의 사용을 위해 산지전용 하는 경우

(3) 조성비 환급 사유
- 산지전용허가를 받지 못하거나 산지전용신고가 수리되지 않은 경우
- 목적사업의 시행에 필요한 행정처분이 취소된 경우
- 대체산림자원조성비 부과 대상 산지의 면적이 감소한 경우
- 대체산림자원조성비를 납부한 후 그 부과의 정정이 발생한 경우

(4) 부과 및 징수
조성비는 산림청장이 부과, 징수한다.

먼저, 관할청은 조성비를 납부해야 할 자에게 조성비의 납부고지를 해야 한다. 조성비를 납부해야 할 자가 부득이한 사유로 그 기간의 연장을 신

청한 때에는 1차에 한해 당초 고지한 기간 범위 내에서 연장이 가능하다.

관할청은 다음에 해당하는 경우에는 조성비를 일시에 납부하기 어려운 사유가 있다고 인정되는 때에는 이행보증금을 예치하게 한 후 분할 납부가 가능하다.

- 국가, 지방자치단체, 정부투자기관, 지방공사, 지방공단이 산업입지 및 개발에 관한 법률에 의한 산업단지 시설용지로 산지전용허가를 받고자 하는 경우
- 도시개발법에 의한 사업시행자가 도시개발사업부지로 산지전용허가를 받고자 하는 경우
- 관광진흥법에 의한 사업시행자가 관광지 혹은 관광단지 시설용지로 산지전용허가를 받고자 하는 경우
- 택지개발촉진법에 의한 시행자가 택지로 산지전용허가를 받고자 하는 경우
- 중소기업기본법에 의한 중소기업을 영위하고자 하는 자가 중소기업 공장용지로 산지전용허가를 받고자 하는 경우

채석, 토사 채취

(1) 채석

채석 허가

- 산지에서 석재를 굴취, 채취하고자 하는 자는 산림청장에게 채석*허가를 받아야 한다.
- 허가받은 사항을 변경하고자 하는 때에는 산림청장 허가를 받아야 한다.

채석 불허가

- 허가 신청받은 곳이 국토 및 자연 보전, 문화재 및 국가 중요 시설의 보호 기타 공익상 허가를 해서는 안 될 지역인 경우
- 전문조사기관의 평가 결과, 채석의 타당성이 없다고 판단된 경우

채석 허가기간

- 산지소유자가 아닌 자에 대한 허가기간은 산지의 사용, 수익에 필요한 기간을 초과할 수 없다.
- 허가받은 자가 허가받은 기간 내에 허가받은 채석량을 모두 굴취, 채취하지 못해 기간 연장이 필요한 때에는 산림청장으로부터 허가기간의 연장허가를 받아야 한다.

허가 취소

- 허위로 허가를 받은 경우
- 산림재해 방지 혹은 복구를 위한 명령에 순응하지 않은 경우

---

* 채석(採石) – 돌산이나 바위에서 석재(石材)로 쓸 돌을 캐거나 떠냄

- 정당한 사유 없이 허가를 받거나 신고하고도 굴취, 채취에 착수하지 않은 경우
- 허가받은 석재 외의 석재를 굴취, 채취한 경우
- 장비 등이 기준에 미달된 경우
- 복구비를 예치하지 않은 경우
- 허가를 받은 자가 조치명령을 위반한 경우

채석단지의 지정과 관리

- 산림청장은 일정한 지역 안에 양질의 석재가 상당량 매장되어 있어 이를 집단적으로 채취하는 것이 산림보호상 유익하다고 인정될 때에는 채석단지로 지정, 관리할 수 있다.
- 채석단지의 세부 지정 기준은 다음과 같다.
  - 1개 단지의 면적이 10만㎡ 이상으로서 석재가 집단적으로 분포할 것
  - 경제적으로 석재를 집단적으로 굴취, 채취할 가치가 높고 도로 등 기반 시설 조성에 장애가 없을 것
  - 수질오염에 의한 건강상의 피해 등 공익을 해칠 우려가 없을 것
  - 다른 법령에 의한 개발계획이 수립되어 있거나 제한사항이 없을 것
- 채석단지 안에서 석재를 굴취, 채취하고자 하는 자는 산림청장에게 신고해야 한다.

(2) 토사채취

토사채취의 허가

산지 안에서 토사를 굴취, 채취하고자 하는 자는 산림청장에게 토사채취허가를 받아야 한다. 산지 안에서 객토용 혹은 산지를 사용, 수익할 권

한이 있는 자가 자가소비용으로 사용하기 위해 30㎡ 이상 1,000㎡ 이하 규모의 토사를 굴취, 채취하고자 하는 경우 산림청장에게 토사채취신고를 해야 한다.

다음의 경우에는 허가 혹은 신고를 하지 않고 토사를 굴취, 채취할 수 있다.

- 산지전용허가를 받거나 산지전용신고를 한 자가 산지전용 하는 과정에서 부수적으로 토사를 굴취, 채취하는 경우
- 채석허가를 받거나 채석신고를 한 자가 석재 굴취, 채취에 수반해 부수적으로 토사를 굴취, 채취하는 경우
- 국유림의 산지에서 매각 혹은 무상양여를 받은 토사를 굴취, 채취하는 경우

토사채취 허가 기준
- 산지전용제한지역에 해당되지 않을 것
- 산림생태계 보호, 자연경관 보전 및 역사적, 문화적 가치가 있어 보호가 필요한 지역으로서 산림청장이 고시한 지역에 해당되지 않을 것
- 문화재, 공공시설 및 상수원 등의 보호, 도로·철도 등의 가시지역의 보호 및 그 밖에 공익상 허가를 해서는 안 되는 지역으로서 대통령령이 정한 지역에 해당되지 않을 것
- 산지 형태, 임목의 구성, 토사채취면적, 토사채취 방법 등이 대통령령으로 정한 기준에 적합할 것

부동산 공법 탐구 1
악산과 맹지

우리나라가 금수강산이 유지, 존속할 수 있는 것은 악산과 맹지 분포도가 상당히 광대하기 때문이다. 악산과 맹지가 산지관리법에 의해 보호받고 있다. 국토는 다양한 각도의 물 보호 공간으로 이루어져 있다(예 : 상수원보호구역, 수질보전특별대책지역, 수변구역 등 다양한 형태와 구성으로 물의 특질을 표출하고 있다). 다양한 물 보호 공간이 많은 것은 악산의 분포도가 워낙 광대하기 때문이다. 악산과 야산 중 야산이 차지하는 비중은 미약하다. 맹지 대비 대지 비중이 미약한 것처럼 말이다. 같은 이치로 보는 게 좋겠다. 완성도 높은 땅보다 완성도 낮은 땅이 훨씬 많다. 완성물인 지상물 대비 미완성물인 맹지 분포도가 훨씬 광대하기 때문이다. 아직까지 개발지역보다 미개발지역이 훨씬 많기 때문이다. 규제지역이 대다수를 차지하고 있는 것이다.

부동산 공법 탐구 2
장기규제와 단기규제의 차이점

장기규제(예 : 물과 산 보호) 공간은 국토 대부분을 차지하고, 단기규제(예 : 개발행위허가제한지역 등) 공간의 면적은 광대할 이유가 없다. 단기규제 목적은 궁극적으로 가격규제와 가격보호를 통한 거품제거이기 때문이다. 거품의 지속 기간은 길지 않다. 규제 지정 기간을 인공적으로 작위적으로 정한 이유다. 단기규제 지정 기간은 토지 이용계획확인원을 통해 확인이 가능하지만, 장기규제 기간을 토지 이용계획확인원을 통해 알아보는 방법은 없다. 해제 시기를 알 도리가 없는 것이다.

결국 보전산지는 물 보호로부터 파생된 것이다. 뿌리(근원)가 곧 물이다. 사람이든 산지든 물이 없으면 다 죽기 때문이다. 요컨대 물과 산은 규제 대상, 보호 대상인 것이다. 물과 산이 죽으면 인간도, 인구도 모두 죽기

때문이다. 즉, 보호조치를 스스로 방치, 방임하는 행위는 인간 스스로 자신을 죽이는 행위다. 자신의 얼굴에 침을 뱉는 셈이다. 물의 일부가 산이자, 물은 산의 심장과도 같기 때문이다. 잠시도 멈출 수가 없다. 산은 고정적이지만 물은 항상 움직인다. 심지어 고인 물도 미동한다.

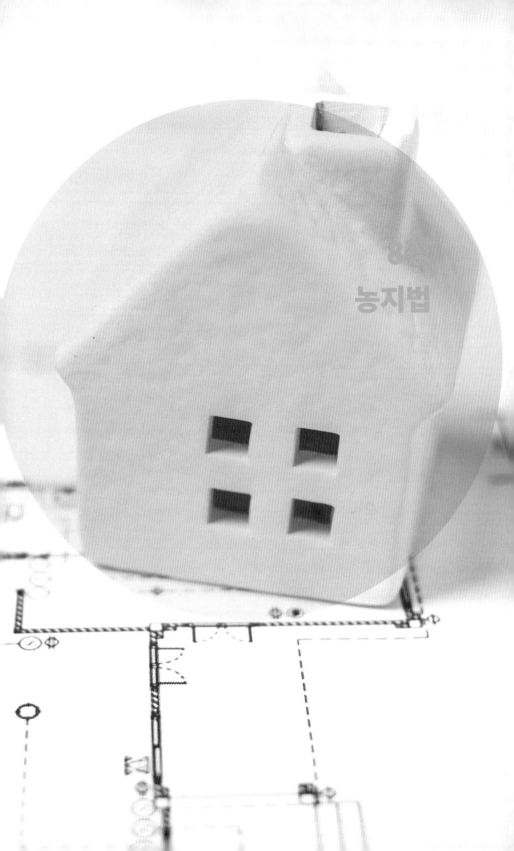

 농지법

농지법의 존재 목적

농지의 소유, 이용 및 보전 등에 대해 필요한 사항을 규정하고 농지를 효율적으로 이용 및 관리한다. 농업인의 경영 안정과 생산성 향상에 힘쓴다.

농지의 의미

농지는 식량 공급과 국토 환경보존을 기반으로 한다. 농지는 농업 생산성을 높이는 방향으로 소유 및 이용되어야 한다. 투기 대상이 아니다. 100% 실수요 목적으로 존재하는 것이다.

농지에 포함되는 것에는 다음과 같은 것들이 있다.

• 전, 답, 과수원 및 기타 법적 지목 여하에도 불구하고 실제 토지 현상이 농작물 경작 혹은 다년성 식물* 재배지로 이용되는 토지(편의상 목장 용지도 농지에 포함시킬 수 있다)

- 토지 개량시설 부지와 고정식 온실, 버섯재배사 등 농업 생산에 필요한 시설 중 대통령령이 정한 시설 부지

농지에 포함되지 않는 것에는 다음과 같은 것들이 있다.

- 지적법에 의한 지목이 전, 답, 과수원이 아닌 토지로 농작물 경작이나 다년성 식물 재배지로 계속 이용되는 기간이 3년 미만인 토지
- 지적법에 의한 지목이 임야인 토지로 그 형질을 변경하지 않고 다년성 식물 재배에 이용되는 토지
- 초지법에 의해 조성된 토지

농업인

먼저, 1,000㎡ 이상의 농지에서 농작물 혹은 다년성 식물을 경작 혹은 재배하거나 1년 중 90일 이상 농업에 종사하는 자를 말한다.

둘째, 농지에 330㎡ 이상의 고정식온실, 버섯재배사, 비닐하우스 기타 정부에서 정하는 농업 생산에 필요한 시설을 설치하며, 농작물 혹은 다년성 식물을 경작 혹은 재배하는 자를 말한다.

농업법인

농업, 농촌기본법(농업식품기본법)에 의해 설립된 영농조합법인을 말하는 것으로, 다음 요건에 적합한 농업회사법인이어야 한다.

---

* 다년성 식물 – 식물의 생육기간이 2년 이상인 식물. 식용이나 약용으로 쓰이는 과수, 뽕나무, 인삼 등을 이른다.

- 농업회사법인을 대표하는 자가 농업인일 것
- 농업회사법인의 업무집행권을 갖는 자의 2분의 1 이상이 농업인일 것

농업경영

농업인 혹은 농업법인이 자기의 책임으로 농업을 영위하는 것을 말한다. 자경은 농업법인이 그 소유농지에서 농작물을 경작하거나 다년성 식물을 재배하는 것이다. 위탁경영은 농지의 소유자가 타인에게 일정한 보수를 지급할 것을 약속하고 농작업의 전부 혹은 일부를 위탁해 행하는 농업경영이다.

농지전용

농지를 농작물 경작 혹은 다년성 식물 재배 등 농업 생산, 농지개량 외의 목적에 사용하는 것을 말한다. 농지개량의 범위는 농지의 생산성 증진을 위해 농지의 형질을 변경하는 다음에 해당하는 행위로서 인근 농지의 관개, 배수, 통풍, 농작물에 미치지 않는 것으로 한다.

첫째, 농지의 이용가치를 높이기 위해 농지의 구획을 정리하거나 개량시설을 설치하는 행위다.

둘째, 농지의 토양 개량이나 관개, 배수, 농업기계이용의 개선을 위해 농지에서 객토(다른 곳에서 가져온 흙), 성토, 절토, 암석을 채굴하는 행위다.

농지 소유

농지 소유 제한

원칙적으로 농지는 자기의 농업경영에 이용하거나 이용할 자가 아니면 이를 소유할 수 없다. 다만 예외적으로 다음에 해당하는 경우에는 자기의 농업경영에 이용하지 않아도 이를 소유할 수 있다.

첫째, 국가 혹은 지방자치단체가 농지를 소유한 경우다.

둘째, 학교, 정부가 정한 공공단체, 농업연구기관, 농업 생산단체 혹은 종묘 기타 농업기자재를 생산하는 자가 그 목적사업을 수행하기 위해 필요로 하는 시험, 연구 혹은 종묘 생산용지로 농지를 취득해 소유한 경우다.

셋째, 주말, 체험 영농을 하고자 농지를 소유한 자의 경우다.

넷째, 상속 혹은 상속인이 한 유증에 의해 농지를 취득해 소유한 경우다.

다섯째, 8년 이상 농업경영을 하던 자가 이농하는 경우 이농 당시 소유하고 있던 농지를 계속 소유한 경우다.

여섯째, 담보농지*를 취득해 소유한 경우다.

일곱째, 농지전용허가를 받거나 농지전용신고를 한 자가 농지를 소유한 경우다.

여덟째, 농지전용협의를 완료한 농지를 소유한 경우다.

아홉째, 농업기반공사및농지관리기금법에 의한 농지의 개발사업지구 안에 소재하는 농지로서 다음의 1,500㎡ 미만 농지 혹은 농어촌정비법에 의한 농지를 취득해 소유한 경우다.

• 도농 간의 교류 촉진을 위한 1,500㎡ 미만의 농원부지
• 농어촌휴양지에 포함된 1,500㎡ 미만의 농지

열째, 다음의 규정에 의해 농지를 취득한 경우다.

• 농업기반공사 및 농지관리기금법(한국농어촌공사 및 농지관리기금법)에 의해 농업기반공사(한국농어촌공사)가 농지를 취득해 소유한 경우
• 농어촌정비법에 의해 농지를 취득해 소유한 경우
• 공유수면매립법(공유수면 관리 및 매립에 관한 법률)에 의해 매립농지를 취득해 소유한 경우
• 토지 수용에 의해 농지를 취득해 소유한 경우
• 공익사업을 위한 토지 등의 취득 및 보상에 관한 법률에 의해 농지를

---

* 농지담보법 – 농지를 담보로 제공해 농업자금을 원활히 조달하게 함으로써 농가경제를 향상시키기 위해 제정된 법률(1966. 8. 3. 법률1813호). 농지저당권을 실행해 경매를 2회 실시해도 경락자가 나타나지 않을 때엔 농지저당권자가 그 담보농지를 인수할 수 있다. 농지저당권자가 인수한 농지는 대통령령이 정한 바에 의해 적격농가에 공매하거나 농가에 임대 혹은 위탁경영 시킬 수가 있다(4조).

취득해 소유한 경우

(1) 농지 소유상한 범위

먼저, 상속에 의해 농지를 취득한 자로서 농업경영을 하지 않은 자는 상속농지 중에서 1만㎡ 이내의 것에 한해 소유가 가능하다.

또한, 8년 이상 농업경영을 한 후 이농한 자는 이농 당시의 소유농지 중에서 1만㎡ 이내의 것에 한해 소유가 가능하다.

마지막으로 주말, 체험 영농을 하고자 하는 자는 1,000㎡ 미만의 농지에 한해 소유가 가능하다. 이 경우 면적의 계산은 그 세대원 전부가 소유하는 총면적으로 한다.

(2) 농지 소유의 세분화 방지

국가 혹은 지방자치단체는 농업인 혹은 농업법인의 농지 소유가 세분화되는 것을 방지하기 위해 그 농지가 1농업인 혹은 1농업법인에게 일괄해 상속 및 증여 또는 양도되도록 필요한 지원을 할 수 있다.

농어촌정비법 규정에 의한 농업 생산기반정비사업이 시행된 농지는 다음에 해당하는 경우를 제외하고는 분할할 수 없다.

- 국토의 계획 및 이용에 관한 법률에 의한 도시지역 안의 주거지역, 상업지역, 공업지역 혹은 도시계획시설부지 안에 포함된 농지를 분할하는 경우
- 농지전용허가를 받거나 농지전용신고를 하고 전용한 농지를 분할하는 경우
- 각 필지의 면적이 2,000㎡를 초과하도록 분할하는 경우
- 농지개량, 농지교환·분합 등 대통령령이 정한 사유로 분할한 경우

농지취득 자격증명

(1) 발급 대상

원칙적으로 농지를 취득하고자 하는 자는 농지 소재지를 관할하는 시장, 구청장, 읍장, 면장으로부터 농지취득자격증명을 발급받아야 한다.

다만 예외적으로 다음의 경우에는 농지취득자격증명을 발급받지 않고 농지를 취득할 수 있다.

- 국가 혹은 지방자치단체가 농지를 소유한 경우
- 상속에 의해 농지를 취득해 소유한 경우
- 금융기관 등이 담보농지를 취득해 소유한 경우
- 농지전용협의를 완료한 농지를 소유한 경우
- 농업기반공사(한국농어촌공사)가 농지를 취득해 소유한 경우
- 농어촌정비법에 의해 농지를 취득해 소유한 경우
- 공유수면매립법에 의해 매립농지를 취득해 소유한 경우
- 토지 수용에 의해 농지를 취득해 소유한 경우
- 공익사업을 위한 토지 등의 취득 및 보상에 관한 법률에 의해 농지를 취득해 소유한 경우
- 대통령령이 정한 토지개발사업과 관련해 사업시행자가 농지를 취득해 소유한 경우
- 농업법인 합병으로 농지를 취득한 경우
- 공유농지 분할로 농지를 취득한 경우
- 시효 완성으로 농지를 취득한 경우
- 징발* 재산정리에 관한 특별조치법, 공익사업을 위한 토지 등의 취득 및 보상에 관한 법률에 의한 환매권자가 환매권에 의해 농지를 취득

한 경우

• 국가보위에 관한 조치법에 의한 동원 대상지역 내의 토지 수용, 사용에 관한 특별조치령에 의해 수용, 사용된 토지의 정리에 관한 특별조치법 규정에 의한 환매권자가 환매권[**]에 의해 농지를 취득한 경우

(2) 발급 절차

원칙적으로 농지취득자격증명을 발급받고자 하는 자는 다음의 내역이 포함된 농업경영계획서를 작성해 농지 소재지를 관할하는 시장, 구청장, 읍장, 면장에게 발급을 신청해야 한다.

• 취득 대상 농지 면적
• 취득 대상 농지의 농업경영에 적합한 노동력 및 농업기계, 장비의 확보 방안
• 소유농지 이용실태

예외적으로 다음의 경우에는 농업경영계획서를 작성하지 않고 발급 신청할 수 있다.

첫째, 초중등교육법 및 고등교육법에 의한 학교, 공공단체, 농업연구기관, 농업 생산자단체, 농업 생산자단체 또는 종묘 기타 농업기자재를 생산

---

[*] 징발 – 전시 혹은 국가비상사태에서 군사작전 수행을 위해 국민 재산에 대한 사용동의를 받거나 강제 수용하는 것. 전쟁 이후 반드시 적법한 절차에 의해 보상해야 한다.

[**] 환매권 – 원소유자가 매도했거나 수용당한 재물을 다시 매수할 수 있는 권리. 형성권이므로 환매의 의사표시를 함으로써 매매계약이 성립하게 된다. 매매계약의 법률효과로서 환매권자는 사업시행자에 대해 소유권 이전등기청구권을 갖게 된다. 국가보위에 관한 특별조치법은 현행이 아니다.

하는 자가 그 목적사업을 수행하기 위해 시험, 연구 혹은 종묘 생산용지로 농지를 취득해 소유한 경우다.

둘째, 주말, 체험 영농을 하고자 농지를 소유한 경우다.

셋째, 농지전용허가를 받거나 전용신고를 한 자가 농지를 소유한 경우다.

넷째, 농지의 개발사업지구 안에 소재하는 농지로서 1,500㎡ 미만의 농지 혹은 농어촌정비법*에 의한 농지를 취득해 소유한 경우다.

(3) 발급 요건

시장, 구청장, 읍장, 면장은 농지취득자격증명 발급 신청을 받은 때에는 다음 요건에 적합한지 아닌지를 확인해 이에 적합하면 신청인에게 농지취득자격증명을 발급해야 한다.

첫째, 다음의 취득 요건에 적합한 경우다.

- 자기의 농업경영에 이용하는 경우
- 학교, 공공단체, 농업연구기관, 농업 생산단체 혹은 종묘 기타 농업기자재를 생산하는 자가 그 목적사업을 수행하기 위해 필요로 하는 시험, 연구 혹은 종묘 생산용지로 농지를 취득해 소유한 경우
- 주말, 체험 영농을 하고자 농지를 소유한 경우
- 농지전용허가를 받거나 전용신고를 한 자가 농지를 소유한 경우
- 농지의 개발사업지구 안에 소재하는 농지로서 1,500㎡ 미만의 농지

---

* 농어촌정비사업 – 농어촌산업육성사업, 농어촌관광휴양자원 개발사업, 한계농지 등의 정비사업

혹은 농어촌정비법에 의한 농지를 취득해 소유한 경우

둘째, 농업인이 아닌 개인이 주말, 체험 영농에 이용하고자 농지를 취득한 경우에는 신청 당시 소유하고 있는 농지의 면적에 취득하고자 하는 농지의 면적을 합한 면적이 농지의 소유상한 이내여야 한다.

셋째, 농업경영계획서를 제출해야 하는 경우에는 그 계획서 내역이 신청인의 농업경영 능력을 참작할 때 실현가능하다고 인정되어야 한다.

넷째, 신청인이 소유농지의 전부를 타인에게 임대 혹은 사용대차하거나 농작업 전부를 위탁해 경영하고 있지 않아야 한다.

다섯째, 신청 당시 농업경영을 하지 않은 자가 자기의 농업경영에 이용하고자 농지를 취득한 경우에는 농지의 취득 후 농업경영에 이용하고자 하는 농지의 총면적이 다음에 해당해야 한다.

- 고정식 온실, 버섯재배사, 비닐하우스 그 밖의 농업 생산에 필요한 시설로서 농림축산식품부령이 정하는 시설이 설치되어 있거나 설치하고자 하는 농지의 경우 : 330㎡
- 위 외의 농지의 경우 : 1,000㎡ 이상

농지 처분 및 위탁경영

(1) 농지 처분

농지의 처분사유

다음의 경우, 농지 소유자는 사유가 발생하면 처분해야 한다.

- 소유농지를 자연재해, 농지개량 등 대통령령이 정한 정당한 사유 없이 자기의 농업경영에 이용하지 않았다고 시장, 군수, 구청장이 인정한 때
- 농지를 소유하고 있는 농업회사법인이 갖추어야 할 규정요건에 적합하지 않은 경우
- 농지를 취득한 자가 농지를 목적사업에 이용하지 않았다고 시장 등이 인정한 때
- 농지를 취득한 자가 자연재해, 농지개량 등 대통령령이 정한 정당한 사유 없이 농지를 주말, 체험 영농에 이용하지 않았다고 시장 등이 인정한 때
- 농지를 취득한 자가 취득한 날부터 2년 이내에 목적사업에 착수하지 않았을 때
- 농지의 소유상한을 초과해 농지를 소유한 것이 판명된 때
- 부정한 방법으로 농지취득자격증명을 발급받아 농지를 소유한 것이 판명된 때
- 자연재해, 농지개량 등 대통령령이 정한 정당한 사유 없이 농업경영계획서 내역을 이행하지 않았다고 시장 등이 인정한 때

처분 절차

먼저, 시장, 군수, 구청장은 농지의 처분의무가 생긴 농지 소유자에게 처분 대상 농지, 처분의무기간 등을 명시해 해당 농지를 처분해야 함을 통지한다. 시장 등은 처분의무기간 내에 처분 대상 농지를 처분하지 않은 소유자에 대해서는 처분 명령을 내릴 수 있다. 시장 등은 농지처분 명령을 받고 매수를 청구해 협의 중인 경우 등 정당한 사유 없이 처분지정기간 내에 농지를 처분하지 않은 경우에는 농지 토지가액의 100분의 20에 상당하는 금액을 이행강제금으로 부과한다.

매수 청구

- 농지 소유자는 농지처분 명령을 받은 때에는 농업기반공사(한국농어촌공사)에 농지매수를 청구할 수 있다.
- 한국농어촌공사는 매수 청구가 있은 때에는 공시지가 기준으로 농지를 매수할 수 있다.
- 한국농어촌공사는 인근 지역의 실제 거래가격이 공시지가보다 낮은 때에는 실제 거래가격을 기준으로 매수한다.
- 한국농어촌공사는 농지를 매수하는 데 필요한 자금을 농지관리기금에서 융자할 수 있다.

(2) 농지의 위탁경영

원칙적으로 농지 소유자는 소유농지를 위탁경영할 수 없으나 예외적으로 다음의 경우에는 위탁경영이 가능하다.

- 병역법에 의해 징집 혹은 소집된 경우
- 3개월 이상 국외에 여행 중인 경우
- 농업법인이 청산 중인 경우
- 질병, 취학, 선거에 의한 공직취임, 부상으로 3개월 이상 치료가 필요한 경우, 교도소, 구치소 혹은 보호감호소에 수용 중인 경우
- 농업이용증진사업시행계획에 의해 위탁 경영하는 경우
- 농업인이 자기 노동력이 부족한 경우에 농작업 일부를 위탁하는 경우

농지의 이용과 보전

농지 이용

(1) 농지 이용계획

농지의 지대별·용도별 이용계획

(2) 농지 이용 증진사업

농업경영 목적으로 농지를 이용해야 한다.

(3) 대리경작자

대리경작자 지정

시장, 군수, 구청장은 유휴농지(농작물의 경작 혹은 다년성 식물 재배에 이용하지 않는 농지)에 대해 대통령령이 정한 바에 의해 농지 소유권 혹은 임차권을 가진 자에 갈음해 농작물을 경작할 자를 지정할 수 있다.

대리경작지 지정

다음 사항을 제외한 유휴농지에 대해 대리경작지를 지정할 수 있다.

- 토양 개량과 보전을 위해 필요한 기간 동안 휴경하는 농지
- 농지전용허가를 받거나 농지전용협의를 거친 농지
- 농지전용신고를 한 농지
- 농지의 타용도 일시사용 허가를 받거나 협의를 거친 농지

(4) 농지 임대차

원칙적으로 농지 임대차 혹은 사용대차는 원칙적으로 금지된다. 사용대차는 어떤 물건을 빌려서 무상으로 사용하거나 수익한 뒤에 돌려줄 것을 약속함으로써 성립된 계약을 말한다.

예외적으로 다음의 농지는 임대 혹은 사용대차가 가능하다.

- 국가나 지방자치단체가 소유한 농지
- 상속에 의해 취득하는 농지와 농업경영 하던 자가 이농 당시 소유농지를 계속 소유한 경우
- 담보농지, 전용허가 혹은 전용신고를 한 농지, 농지전용 협의를 완료한 농지
- 토지 수용에 의해 취득해 소유하는 농지
- 소유하고 있는 농지를 주말, 체험 영농을 하고자 하는 자에게 임대하거나 주말, 체험 영농을 하고자 하는 자에게 임대하는 것을 업으로 하는 자에게 임대한 경우

농지보전

(1) 농업진흥지역

시·도지사는 농지를 효율적인 이용과 보전을 위해 농업진흥지역을 지정해야 한다.

농업진흥지역의 구분

먼저, 농업진흥구역은 농지가 '집단화'되어 농업 목적으로 이용하는 것이 필요한 지역이다. 농지조성사업 혹은 농업기반 정비사업이 시행되었거나 시행 중인 지역으로, 농업용으로 이용하고 있거나 이용할 토지가 집단화되어 있는 지역을 말한다.

둘째, 농업보호구역은 농업진흥구역의 용수원 확보와 수질보전 등 농업환경을 보호하기 위해 필요한 지역으로 농업진흥구역으로부터 분산되어 나온 보존가치다. 농업진흥구역을 보완해서 그 가치가 진흥구역 대비 높게 평가받을 만하다.

(2) 농업진흥구역 안에서의 행위 제한

금지행위

농업진흥구역 안에서는 농업 생산 혹은 농지 개량과 직접 관련되는 토지 이용행위 외의 토지 이용행위를 할 수 없다.

허용행위

농업 생산 혹은 농지개량과 직접 관련되는 토지 이용행위는 다음과 같다.

- 농작물 경작
- 다년성 식물 재배
- 고정식온실, 버섯재배사, 비닐하우스와 그 부속시설 설치
- 농막과 간이퇴비장 설치
- 농지개량사업 혹은 농업용수개발사업시행

예외적 허용행위

- 대통령령이 정한 농수산물(농산물+임산물+축산물+수산물) 가공, 처리시설 및 농수산업 관련 시험, 연구시설 설치
- 어린이놀이터, 마을회관, 기타 대통령령이 정한 농업인 공동생활의 편익을 위한 시설 및 이용시설 설치
- 농업용 혹은 축산업용 시설 설치
- 국방, 군사시설 설치
- 하천, 제방 기타 이에 준하는 국토보존시설 설치
- 문화재 보수, 복원, 이전, 매장문화재 발굴, 비석, 기념탑, 기타 이와 유사한 공작물 설치
- 도로, 철도, 전기공급설비 기타 대통령령이 정한 공공시설 설치
- 지하자원 개발을 위한 탐사와 지하광물 채광과 광석의 선별 및 적치를 위한 장소로 사용하는 행위
- 농어촌소득원의 개발 등 농어촌발전을 위해 필요한 시설

농업보호구역 안에서의 행위 제한

농업보호구역 안에서의 금지행위는 다음과 같다.

- 대기환경보전법의 규정에 의한 대기오염물질배출시설 설치
- 수질환경보전법 규정에 의한 폐수배출시설 설치
- 폐기물관리법 규정에 의한 지정폐기물을 처리하기 위한 폐기물 처리시설 설치
- 건축법 규정에 의한 제1종 근린생활시설 및 제2종 근린생활시설 중 대통령령이 정한 시설의 설치
- 건축법 규정에 의한 숙박시설 및 위락시설 설치

그리고 농업진흥구역 안에서 허용되는 행위는 농업보호구역 안에서도 허용된다.

농지전용

농지를 농작물 경작 혹은 다년성 식물 재배 등 농업 생산 혹은 농업개량 외의 목적에 사용하는 것을 말한다.

농지를 전용하고자 하는 자는 대통령령이 정한 바에 따라 농지 소재지를 관할하는 농지관리위원회의 확인을 거쳐 농림축산식품부장관의 허가를 받아야 한다.

허가 예외

- 다른 법률에 의해 농지전용허가가 의제되는 협의를 거쳐 농지를 전용한 경우
- 국토의 계획 및 이용에 관한 법률에 의한 도시지역 안에 있는 농지로서 협의를 거친 농지나 협의 대상에서 제외되는 농지를 전용한 경우
- 농지전용신고를 하고 농지를 전용한 경우

- 산지관리법에 의한 산지전용허가를 받지 않거나 산지전용신고를 하지 않고 불법으로 개간된 농지를 복구한 경우
- 하천법에 의해 하천관리청으로부터 허가를 받아 농지를 형질변경하거나 공작물을 설치하기 위해 농지를 전용한 경우

허가 취소

농림축산식품부장관, 시장, 군수, 구청장은 다음의 경우에 허가를 취소할 수 있다.

- 부정한 방법으로 허가를 받거나 신고를 한 것이 판명된 경우
- 허가 목적 혹은 조건을 위반하거나 허가 혹은 신고 없이 사업계획 및 사업규모를 변경한 경우
- 농지조성비(농지보전부담금)*를 납부하지 않은 경우
- 허가를 받은 자 혹은 신고를 한 자가 허가 취소를 신청하거나 신고 철회를 한 경우

농지전용신고 대상

- 농업인 주택, 농업용시설, 농수산물유통 및 가공시설
- 어린이놀이터 및 마을회관 등 농업인의 공동생활 편익시설
- 농수산 관련 연구시설과 양어장, 양식장 등 어업용 시설

---

* 농지조성비(농지보전부담금) – 농지의 보전, 관리 및 조성을 위해 원인자부담원칙에 따라 농지를 다른 용도로 전용(轉用)하는 사업자에게 부과하는 경제적 부담(농지법 제38조). 농지전용사업자에 대해 국민식량의 공급기반인 농지의 대체조성 비용으로 부과한 농지조성비(1975년)와 농지전용으로 발생하는 개발이익을 환수해 농어촌 구조개선 사업 재원으로 활용하기 위해 부과한 농지전용부담금(1992년)이 2002년 농지보전부담금으로 통합되었다.

농지전용의 제한

농림축산식품부장관은 농지전용허가를 함에 있어서 국토의 계획 및 이용에 관한 법률에 의한 도시지역, 계획관리지역 및 개발진흥지구 안의 농지를 제외하고는 다음에 해당하는 시설의 부지로 사용하는 경우에는 전용을 허가할 수 없다.

- 대기환경보전법에 의한 대기오염배출시설로서 대통령령이 정한 시설
- 수질환경보전법에 의한 폐수배출시설로서 대통령령이 정한 시설
- 농업진흥이나 농지보전을 저해할 우려가 있는 시설

농림축산식품부장관, 시장, 군수, 구청장은 다음에 해당하는 경우에는 농지전용허가 및 협의 혹은 농지의 타 용도 일시사용 허가 및 협의를 함에 있어서 농지전용 혹은 타 용도 일시사용을 제한할 수 있다.

- 전용하고자 하는 농지가 농업 생산기반이 정비되어 있거나 농업 생산기반정비사업의 시행예정지역으로 편입되어 우량농지로 보전할 필요성이 있는 경우
- 농지전용 혹은 타 용도 일시사용에 따른 토사 유출 등으로 인근 농지혹은 농지개량시설을 손괴할 우려가 있는 경우
- 전용 목적의 실현을 위한 사업계획 등이 불확실한 경우

농지의 지목변경 제한

농지는 다음의 경우를 제외하고는 전, 답, 과수원 외의 지목으로 변경할 수 없다.

- 농지전용허가를 받거나 협의를 거쳐 농지를 전용한 경우
- 화전정리*에 관한 법률에 의한 정리 대상 농지를 산림으로 복구하기 위한 목적으로 농지를 전용한 경우
- 농지전용신고를 하고 농지를 전용한 경우
- 농어촌정비법 규정에 의한 농어촌용수개발사업이나 농업 생산기반개량사업의 시행으로 토지 개량시설이 부지로 변경된 경우

부동산 공법 탐구
법이 존재하는 이유

이는 인간이 올바르게 살기 위해서다.

부동산 법령이 규제와 통제 사이에 존속하는 이유는 부동산 사용자(부동산 주인)의 올바른 삶을 위해서다. 법치가 중요한 것은 법이 바로 세상이치의 통로이기 때문이다. 법치를 잘 지키는 자의 특징이 있다. 행복하다. 돈은 많지만 행복지수가 너무도 낮은 경우가 있다. 법을 어기면서까지 돈에 대한 야욕을 크게 부려서다.

농지법이 존재하는 이유는 '의미'를 찾기 위해서다. 작금의 IT산업도 농경사회가 없었다면 존재할 수 없다. 산업화·민주화 과정에서도 한시도 농경사회를 잊은 적이 없었다. 의식주의 주가 주택법과 관련 있다면, 식(식량)은 농지법과 직결된다고 보기 때문이다. 밥이 법을 압도한다. 법의 대선배가 곧 밥인 것이다. 밥은 대자연(농경지의 일부분)의 표상이다. 법은 대도시가 탄생하면서부터 탄생한 것이다. 격차가 심하다. 인간과 인구의 뿌리가 대자연이기 때문이다.

* 화전정리 – 국토의 황폐를 방지하고 산림자원을 조성하고 화전민 생활안정을 위한 사업이며, 화전 정리에 관한 법률은 현행이 아니다.

인천 아시아드경기장역 일대   고양시 일대 농지
아파트 앞 농지

원상복구

농림축산식품부장관, 시장, 군수, 구청장은 다음과 같은 경우가 발생하게 되면 일정한 기간을 정해 원상회복을 명할 수 있다.

- 농지전용허가 혹은 농지의 타 용도 일시사용 허가를 받지 않고 농지를 전용하거나 타 용도로 사용한 경우
- 농지전용신고를 하지 않고 농지를 전용한 경우
- 전용허가가 취소된 경우
- 농지전용신고를 한 자가 필요한 조치명령을 위반한 경우

농지전용허가를 받아야 하는 자가 국토의 계획 및 이용에 관한 법률에 의한 제2종 지구단위계획구역 안에서 허용되는 토지 이용행위에 전용하고자 하는 경우에는 시장, 군수, 구청장에게 신고하고 농지를 전용할 수 있다.

초지법

주택법이 있으므로 건축법이 존속하듯 초지법*은 농지법으로부터 그 존재감을 인정받는다. 연계성이 있다. 초지법은 '초지'의 정의를 통해 알 수 있다. 농지와 산지와 마찬가지로 대자연과 교통한다.

초지 조성의 제한

다음에 해당하는 토지는 초지로 조성할 수 없다.

- 국가, 지방자치단체의 공용, 공공용, 기업용, 보존의 목적에 사용하고 있거나 사용하기로 계획이 확정된 토지
- 채종림, 시험림, 산림유전자원보호림

---

* 초지 – 다년생 개량 목초 재배에 이용되는 토지 및 사료작물재배지와 목장도로, 진입도로, 축사 및 농림축산식품부령으로 정한 부대시설을 위한 토지로서 28개 지목 중에 목장용지와도 연계성이 있다. 이로써 광의의 초지법은 농지법과 한통속이다.

- 도시지역
- 경관보전지역
- 야생생물 특별보호구역

국유지, 공유지의 대부

국유지, 공유지에 대해 초지 조성의 허가를 받은 자는 허가일로부터 15일 이내에 해당 재산관리청에 대부를 신청해야 한다. 대부기간은 5년으로 한다. 재산관리청은 대부기간이 끝난 경우에는 5년 이상의 기간을 정해 계속 연장해야 한다. 다만, 재산관리청이 대부된 토지를 공익 목적을 위해 직접 사용하려는 경우에는 대부계약을 해지할 수 있다.

허가, 인가 등의 의제

초지 조성허가를 받은 경우 다음 각 호의 허가, 인가 등에 대해 시장 등이 허가, 인가 등의 관계 행정기관의 장과 미리 협의한 사항에 대해서는 허가, 인가 등을 받은 것으로 본다.

- 공유수면의 점용, 사용 허가
- 하천 점용허가
- 산지전용허가, 산지전용신고 및 산지일시 사용 허가, 신고
- 사방지의 지정 해제
- 농지전용 허가
- 지역 및 산업단지 안에서의 토지 형질변경 등의 허가

초지에서의 행위 제한

허가를 받아 조성된 초지에서는 시장, 군수, 구청장 허가를 받지 않고서는 다음 각 호의 행위를 할 수 없다.

- 토지의 형질변경 및 인공구조물 설치
- 분묘 설치
- 토석 채취와 반출
- 그 밖에 초지 이용에 지장을 주는 행위로서 해당 지방자치단체 조례로 정한 행위

시장, 군수, 구청장은 허가 신청을 받은 날로부터 5일 이내에 허가 여부를 신청인에게 통지해야 한다.

초지의 전용

초지법에 따라 조성된 초지전용은 다음 각 호에 해당하는 경우로 한정한다.

- 중요 산업시설, 공익시설, 관광시설 용지로 전용한 경우
- 농업인이 건축하는 주택의 용지로 전용한 경우
- 농수산물의 처리, 가공, 보관시설 및 농수산 시설의 용지로 전용한 경우
- 제주투자진흥지구로 지정하기 위해 지정한 경우
- 경제자유구역으로 지정하기 위해 전용한 경우

- 지역특화발전특구로 지정하기 위해 전용한 경우
- 창업을 위해 전용한 경우

초지전용을 하려는 자는 시장, 군수, 구청장의 허가를 받아야 한다. 허가받은 초지전용의 면적 혹은 경계 등 대통령령이 정한 중요한 사항을 변경하려는 경우에도 또한 같다. 초지 조성이 완료된 날로부터 25년이 지난 초지를 전용하려는 경우에는 시장, 군수, 구청장에게 신고해야 한다. 신고한 사항을 변경하려는 경우에도 또한 같다.

대체초지 조성비는 시장, 군수, 구청장이 부과, 징수한다. 규정에 따른 허가를 받거나 신고 또한 협의하고 초지의 전용을 하려는 자는 대체초지 조성비를 축산발전기금에 납부해야 한다. 다만 시장, 군수, 구청장은 다음의 경우 대체초지 조성비를 감면할 수 있다.

- 대통령령이 정한 중요 산업시설을 위해 전용한 경우
- 국가 혹은 지방자치단체가 공용 또는 공공용의 목적으로 전용한 경우
- 농업, 축산업, 임업, 수산업에 필요한 용지로 전용한 경우
- 등록 체육시설업에 속하는 골프장업의 시설에 필요한 용지로 전용한 경우

대체초지 조성비의 납입 기준금액은 초지 조성단가와 초지 조성 후 3년 간의 초지 관리비를 합한 금액으로 한다. 농림축산식품부장관은 대체초지 조성비의 납입 기준금액을 매년 고시해야 한다. 대체초지 조성비의 감면 기준은 초지전용의 목적과 공익성 등을 고려해 대통령령으로 정한다.

(1) 전용허가의 취소

시장, 군수, 구청장은 초지전용허가를 받거나 신고를 한 자가 다음 각 호의 어느 하나에 해당하는 경우에는 대통령령이 정한 기준에 따라 허가를 취소하거나 관계 공사의 중지, 사업정지, 사업규모의 축소, 사업계획 변경, 그 밖에 필요한 조치를 명령할 수 있다.

- 부정한 방법으로 허가 받거나 신고한 경우
- 허가 목적 또는 조건을 위반하거나 허가 또는 신고 없이 사업계획이나 사업규모를 변경한 경우
- 허가를 받거나 신고한 후 초지전용 목적사업과 관련된 사업계획 변경 등 대통령령이 정한 정당한 사유 없이 2년 이상 초지전용 목적사업을 시작하지 않거나 초지전용 목적사업을 시작한 후 1년 이상 공사를 중단한 경우
- 대체초지 조성비를 납부하지 않은 경우

(2) 용도변경의 승인

초지전용 목적사업에 사용되고 있거나 사용된 토지를 대통령령으로 정한 기간 이내에 다른 목적으로 사용하려는 경우에는 농림축산식품부령으로 정한 바에 따라 시장, 군수, 구청장 승인을 받아야 한다. 승인을 받아야 하는 자 중 대체초지 조성비가 감면되는 시설의 부지로 전용된 토지를 대체초지 조성비가 감면되지 않거나 감면비율이 보다 낮은 시설의 부지로 사용하려는 자는 대통령령이 정한 바에 따라 대체초지 조성비를 내야 한다.

(3) 초지 관리 실태조사

시장, 군수, 구청장은 연 1회 이상 초지의 관리실태를 파악하기 위해 필요한 사항을 조사해야 한다. 다만 국가 혹은 지방자치단체가 관리하고 있는 초지에 대해서는 해당 초지를 관리하는 행정기관의 장 또는 지방자치단체의 장이 이를 조사하고 그 결과를 시장 등에 통보해야 한다.

(4) 초지로서의 관리가 불가능한 초지에 대한 조치

시장, 군수, 구청장은 초지가 다음 각 호의 어느 하나에 해당하는 경우에는 이를 초지에서 제외할 수 있다.

- 허가받지 않거나 신고 또는 협의를 하지 않고 전용한 초지 또는 부정한 방법으로 전용허가를 받고 전용된 초지로서 그 보전이 불가능한 경우
- 다른 법령에 따른 사업시행으로 초지 이용의 여건이 변화해 해당 초지를 관리하는 자가 그 관리를 포기한 경우
- 관리자가 없거나 있어도 분명하지 않은 초지
- 초지 조성이 완료된 날로부터 25년이 지난 초지로서 재해나 그 밖의 부득이한 사유 없이 2년 이상 계속해서 관리, 이용되지 않은 초지

(5) 대부계약 해지

국유지, 공유지를 대부받아 조성한 초지에 영구시설물을 설치한 자는 대부계약이 해지된 경우에는 해당 재산관리청이 정한 기간 내에 해당 국유지, 공유지에 설치한 영구시설물을 철거해야 한다. 다만 해당 재산관리청은 그 영구시설물을 철거할 수 없거나 철거할 필요가 없다고 인정하는

경우와 초지 조성이 완료된 날로부터 25년이 지난 초지의 경우에는 철거 의무자 신청에 의해 그 의무를 면제할 수 있다. 철거의무자가 철거의무를 면제받은 경우 그 영구시설물의 소유권은 해당 영구시설물이 국유지에 설치된 경우에는 국가에, 공유지에 설치된 경우에는 해당 지방자치단체에 각기 귀속된다. 철거의무자가 그 철거 의무기간이 지나도 영구시설물을 철거하지 않은 경우 해당 재산관리청은 '행정대집행법'에서 정한 기준에 따라 영구시설물을 철거할 수 있다.

10장

토지 투자의 대원칙

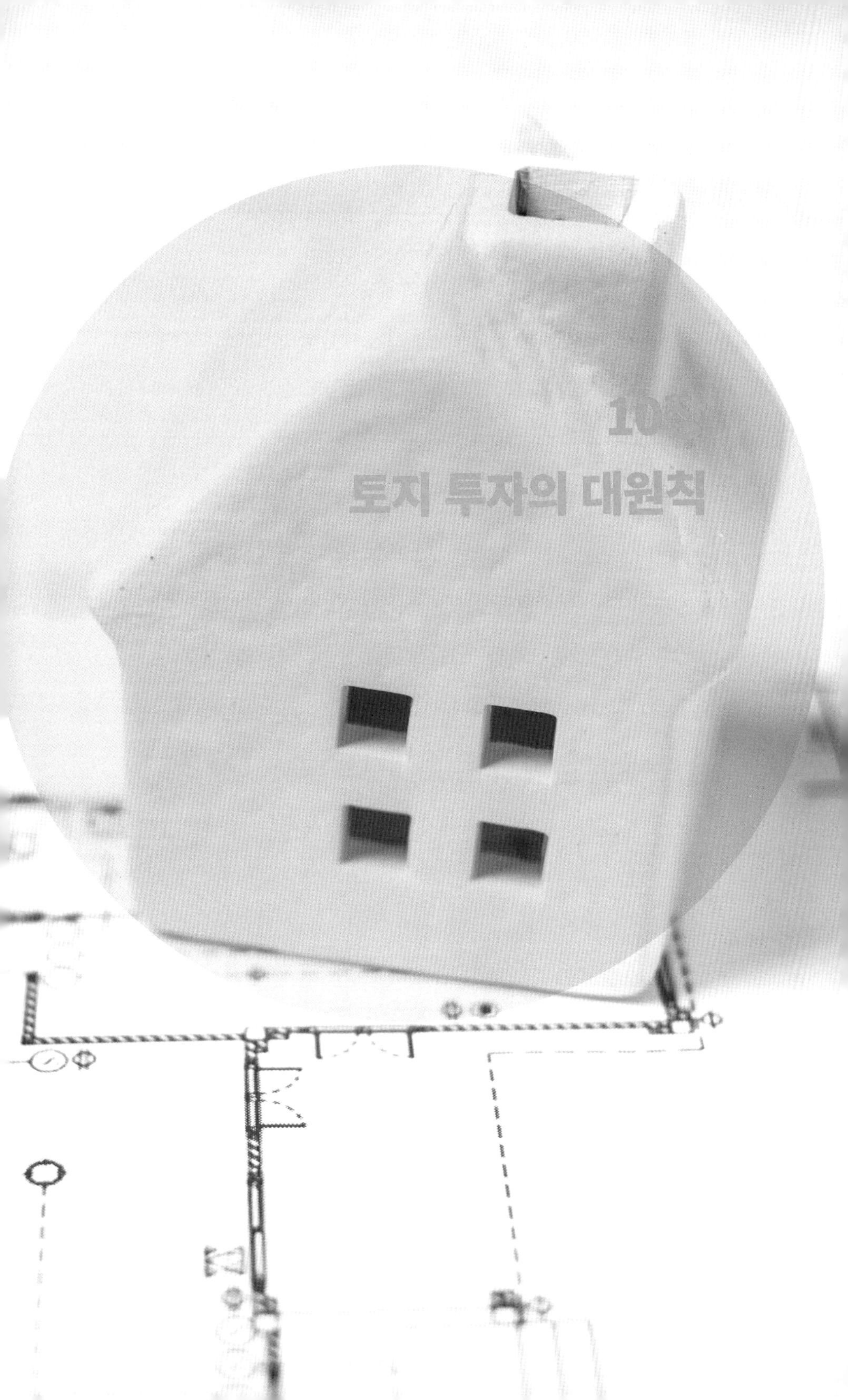

토지 투자의 3요소

토지 투자의 3요소는 부동산 공법과 연계성을 갖는다. 용도, 지목, 입지 역시 도로로 통한다. 부동산의 진리다.

용도에 대한 해석

인구 증가지역의 경우 인구 증가의 이유를 모색해야 한다. 용도변경의 가능성이 매우 크기 때문이다. 이를테면 인구 증가지역 인근의 지역 랜드 마크가 무엇인지 인지할 필요가 있다. 주거인구가 급증하게 된다면 주거 인구를 수용할 주거시설이 필요해 녹지지역을 십분 활용해야 한다. 자연 스럽게 녹지지역이 주거지역으로 바뀐다. 용도변경 과정을 통해 땅 가치 가 업데이트된다. 용도지역에 관한 변수는 공공성이 매우 강해 개인의 역 할은 없다. 인구 변화에 관한 분석만 열심히 할 뿐이다.

지목에 대한 해석

지목과 관련된 사안은 용도와 달리 개별성이 매우 강하다. 지목 분포도를 통해 현장답사를 하지 않고도 현장 분위기와 느낌을 만끽할 수 있다. 지적도를 통해 지목 상황을 알아본다. 내 땅이 만약 농지인데 그 주변의 지목 상황을 볼 때 공장용지, 대지 등 완성도가 몹시 높은 지목으로 구성되어 있다면 십중팔구 높은 현장감을 자랑할 수 있어 자연스럽게 이 땅을 사랑하게 될 것이다. 땅을 사랑하게 되면 유리한 점이 있다. 남들에게 자랑(홍보)을 하게 되기 때문이다. 자랑(홍보)을 많이 하게 되면 유리하다. 그것은 환금성을 높일 동력(기회)이기 때문이다. 요컨대 완성도 낮은 땅 주변의 완성도 높은 땅은 나의 입장에서는 보물이고 희망이다. 지목에 관한 사안은 용도와 달리 개별성이 강하다 보니 개인의 기획 능력을 마음껏 발휘할 수 있다. 내 의지대로 땅값을 올릴 수 있다. 맹지를 살 때 주변 지목 상태를 살펴보자. 가령 공장용지, 대지, 창고용지, 주차장용지 등 완성도 높은 지목들이 지근거리에 있는 지경이라면 희망적인 맹지다.

입지의 해석

지역핵심인구인 주거인구를 통해 입지를 간파하라. 접근성이 좋다는 것은 인구의 다양성과 직결되기 때문이다. 단순히 화려한 개발청사진과 이슈거리 하나로 입지가 좋다고 판단하면 안 된다. 오판의 가능성이 크다. 입지의 생명과 관건은 무조건 인구다. 개발계획과 높은 잠재력 하나로 입지를 판단하지 말고 인구의 다양성으로 승부를 걸자. 그게 안전하다. 보이지 않는 입지보다 보이는 입지가 유리하다. 예를 들어, 주변 지상물의 용적률 상태와 공실률 상황을 함께 알아본다. 보이지 않는 내 땅의 용적률을 쳐다보는 짓은 하수가 하는 행태다.

도로법, 산지관리법, 농지법은 서로 연동한다. 도로는 산지, 농지처럼 완성도가 낮은 토지에게 완성도 높일 기회를 마련해준다. 진화할 수 있는 기반을 닦아준다. 전 국토의 85%가량 차지하는 임야와 농지 등 완성도 낮은 땅을 통해 전용 과정을 거친다. 이때 도로관계를 알아보는 것은 당연지사다. 적정 크기의 토지를 만드는 과정, 즉 분할 과정에서 맹지가 속출할 수 있기 때문이다. 도로 변화를 통해 그리고 산지 및 농지전용 과정을 통해 땅 가치가 급변한다.

'실수요가치'와 지분 투자의 연관성은 전혀 없다. 지분 투자라는 말은 존재하나, 지분실수요라는 말은 없다. 부동산 공법에 의해 투자하는 자는 지분 투자와 전혀 무관하다. 도로가 생명(관건)이기 때문이다. 도로는 전용 과정과 직결된다. 농지전용 및 산지전용 과정을 통해 실수요가치가 높아지는 과정을 관찰할 수 있다. 이참에 도로법과 산지 및 농지전용과정의 중요성을 통해 땅 가치를 극대화하는 일에 집중하자. 이는 기획 부동산 회사와 전혀 무관하다. 중개업소에서 통용(응용)되기 때문이다.

부동산 공법 탐구
도로법의 중요성과 토지 투자의 원칙을 사수해야 하는 이유

부동산 공법을 공부하는 자가 도로법의 중요성과 토지 투자의 원칙을 사수해야 하는 이유가 있다. 토지 실수요자에게는 도로가 곧 생명이다. 도로가 인간의 생명수와 같은 존재다. 도로법이 매우 중요한 것은 주택법, 건축법, 산지법, 농지법 등의 모토(기반시설, 기본시설)가 되고 있기 때문이다. 도로는 분만 능력과 번식력이 뛰어나다. 부동산의 자궁과 같은 역할을 수행하고 있다. 도로가 없으면 각종 건설 과정과 건축 과정은 없다. 도로에 평소 친절하게 혹은 친숙하게 접근해야 하는 이유다.

도로

도로에 관한 계획의 수립

국토교통부장관은 도로망의 건설을 위해 10년마다 국가도로망 종합계획을 수립해야 한다.

- 국토종합계획
- 국가기간 교통망계획
- 지방시대 종합계획

도로의 종류

- **고속국도**(고속국도의 지선* 포함)
- **일반국도**(일반국도의 지선 포함)

* 지선 – 철도나 수로, 통신 선로 따위에서 본선에서 곁가지로 갈려 나간 선

- 특별시도, 광역시도
- 지방도
- 시도
- 군도
- 구도

지정 및 고시

(1) 고속국도, 일반국도의 지정 및 고시

국토교통부장관은 다음 각 호의 어느 하나에 해당하는 도로를 고속국도 또는 일반국도의 지선으로 지정, 고시할 수 있다.

- 고속국도 또는 일반국도와 인근 도시, 항만, 공항, 산업단지, 물류시설 등을 연결하는 도로
- 고속국도 또는 일반국도의 기능을 보완하기 위해 해당 고속국도 또는 일반국도를 우회하거나 고속국도 또는 일반국도를 서로 연결하는 도로

(2) 지방도의 지정 및 고시

도지사 또는 특별자치도지사는 도 또는 특별자치도의 관할구역에 있는 도로 중 해당지역의 간선도로망을 이루는 다음 각 호의 어느 하나에 해당하는 도로노선을 정해 지방도를 지정, 고시한다.

- 도청소재지에서 시청 또는 군청 소재지에 이르는 도로

- 시청 또는 군청 소재지를 연결하는 도로
- 도 또는 특별자치도에 있거나 해당 도 또는 특별자치도와 밀접한 관계에 있는 공항, 항만, 역을 연결하는 도로
- 도 또는 특별자치도에 있는 공항, 항만 또는 역에서 해당 도 또는 특별자치도와 밀접한 관계가 있는 고속국도, 일반국도 또는 지방도를 연결하는 도로

(3) 시도의 지정 및 고시

특별자치시장 혹은 시장은 특별자치시, 시 또는 행정시의 관할구역에 있는 도로노선을 정해 시도를 지정, 고시한다.

(4) 군도의 지정 및 고시

군수는 해당 군의 관할구역에 있는 도로 중 다음 각 호의 어느 하나에 해당하는 도로노선을 정해 군도를 지정, 고시한다.
- 군청 소재지에서 읍사무소 혹은 면사무소 소재지에 이르는 도로
- 읍사무소 혹은 면사무소 소재지를 연결하는 도로

(5) 구도의 지정 및 고시

구청장은 관할구역에 있는 특별시도 혹은 광역시도가 아닌 도로 중 동(洞) 사이를 연결하는 도로노선을 정해 구도를 지정, 고시한다.

도로의 역할은 맹지의 최초 개발 과정인 분할과 같은 가치를 가진다. 크게 보면, 필지 분할과 획지 분할로 구분된다. 전자가 개별성이 강하고 후자는 공공성이 강하다. 땅에서 분할의 의미는 분만의 의미를 담고 있기 때문에 도로와 반드시 일맥상통한다. 도시의 재료가 도로요, 분할은 새로운 도로를 창궐한다. 도로는 인구를 분만한다. 그렇기에 도로, 분할, 인구 등은 서로가 연계성을 갖는다. 식솔과 같은 동반자다. 변화와 변수의 모든 시발점은 '도로 역할'이다. 도로의 기능이 한 지역을 성숙한 지역 혹은 미숙한 지역으로 조성한다. 형식적인 장식용 도로도 있기 때문이다. 도로 하나로 좋은 농지 혹은 좋은 산지가 만들어진다. 그러나 만족도가 다 다르다. 전용과정이라고 해서 다 성공(대만족)할 수는 없기 때문이다. 단순하게 전용허가에 집착하다가 입지라는 핵심을 분실하면 정말 억울하다. 부동산 공법 공부에서 도로법 공부가 중요한 이유다.

도로구역

(1) 도로구역의 결정

도로관리청(도로법상 도로의 노선 인정을 한 행정청)은 도로노선의 지정, 변경, 폐지의 고시가 있으면 지체 없이 해당 도로의 도로구역을 결정, 변경 혹은 폐지해야 한다.

(2) 도로구역의 행위 제한

도로구역 결정, 변경, 폐지예정지에서 건축물의 건축, 공작물 설치, 토지 형질변경, 토석(土石) 채취, 토지 분할, 물건을 쌓아놓는 행위, 그 밖에 대통령령이 정한 행위를 하려는 자는 특별자치시장, 특별자치도지사, 시장, 군수, 구청장의 허가를 받아야 한다.

다만 다음 각 호의 어느 하나에 해당하는 행위는 도로구역 및 도로구역 예정지에서 허가를 받지 않고도 할 수 있다.

- 재해복구 혹은 재난 수습에 필요한 응급조치를 위해하는 행위
- 그 밖에 대통령령이 정한 행위

(3) 입체적 도로구역

도로관리청은 도로구역을 결정하거나 변경하는 경우, 그 도로가 있는 지역의 토지를 적절하고 합리적으로 이용하기 위해 필요하다고 인정하면 지상이나 지하 공간 등 도로 상하의 범위를 정해 도로구역으로 지정할 수 있다. 도로관리청은 도로구역을 지정할 때에는 토지, 건물 혹은 토지에 정착한 물건의 소유권이나 그 밖의 권리를 가진 자와 구분지상권의 설정이나 이전을 위한 협의를 해야 한다. 지상의 공간에 대한 협의가 이루어지지 않으면 도로구역으로 지정할 수 없다. 도로관리청은 입체적 도로구역의 지하 부분에 대해 공익사업을 위한 토지 등의 취득 및 보상에 관한 법률에 따라 구분지상권의 설정이나 이전을 내용으로 하는 토지 수용위원회의 수용재결이나 사용재결을 받으면 부동산 등기법에 따라 단독으로 그 구분지상권의 설정등기나 이전등기를 신청할 수 있다.

(4) 도로구역 내 시설의 설치

도로관리청은 도로의 효용을 훼손하지 않는 범위에서 도로이용자의 편

의의 증진을 위해 도로구역에 도로의 부속물과 공공목적의 다음 각 호의 시설을 설치, 운영할 수 있다.

- 공원시설
- 재활용시설
- 생활체육시설

도로의 사용개시 및 폐지

도로관리청은 도로구간의 전부 혹은 일부의 사용을 개시하거나 폐지하려면 국토교통부령으로 정한 바에 따라 이를 공고하고, 그 도면을 일반인이 열람할 수 있게 해야 한다.

접도구역의 지정 및 관리

(1) 접도구역의 지정 및 관리

도로관리청은 도로구조의 파손 방지, 미관의 훼손 혹은 교통에 대한 위험방지를 위해 필요하면 소관 도로의 경계선에서 20m(고속국도의 경우 50m)를 초과하지 않는 범위에서 대통령령이 정한 바에 의해 접도구역을 지정할 수 있다.

누구든지 접도구역에서는 다음 각 호의 행위를 금지하고 있다.

- 토지 형질변경 행위
- 건축물, 그 밖의 공작물을 신축, 개축, 증축하는 행위

(2) 접도구역에 있는 토지의 매수 청구

접도구역에 있는 토지가 다음 각 호의 어느 하나에 해당하는 경우 해당 토지 소유자는 도로관리청에 토지 매수를 청구할 수 있다.

- 접도구역에 있는 토지를 종래의 용도대로 사용할 수 없어 그 효용이 현저하게 감소한 경우
- 접도구역의 지정으로 해당 토지의 사용 및 수익이 사실상 불가능한 경우

(3) 협의에 의한 토지의 매수

도로관리청은 접도구역을 지정한 목적을 달성하기 위해 필요하면 접도구역에 있는 토지 및 그 정착물의 소유자와 협의해 해당 토지 및 그 정착물을 매수할 수 있다.

(4) 도로보전입체구역

도로관리청은 입체적 도로구역을 지정한 경우 그 도로의 구조를 보전하거나 교통의 위험을 방지하기 위해 필요하면 그 도로에 상하 범위를 정해 도로를 보호하기 위한 구역을 지정할 수 있다. 도로보전입체구역은 해당 도로의 구조를 보전하거나 교통의 위험을 방지하기 위해 필요한 최소한도의 범위로 지정해야 한다.

도로의 점용

공작물, 물건, 그 밖의 시설을 신설, 개축, 변경, 제거하거나 그 밖의 사

유로 도로를 점용하려는 자는 도로관리청의 허가를 받아야 한다.

(1) 공익사업을 위한 도로의 점용

도로관리청은 다른 법률 규정에 의해 토지를 수용하거나 사용할 수 있는 공익사업을 위한 도로점용 허가를 거부할 수 없다.

다만 다음 각 호의 어느 하나에 해당하는 경우에 그러하지 않는다.

- 교통량이 현저히 증가하는 경우
- 특별히 너비가 좁은 도로로서 교통을 위해 부득이한 경우

(2) 토지 등의 수용 및 사용

도로관리청은 도로공사의 시행을 위해 필요하면 도로구역에 있는 토지, 건축물 혹은 그 토지에 정착된 물건의 소유권이나 그 토지, 건축물 혹은 물건에 관한 소유권 외의 권리를 수용하거나 사용할 수 있다(공익사업을 위한 토지 등의 취득 및 보상에 관한 법률 준용).

 부동산 공법 탐구 2
참 단순한 사고

지금 당장 집 지을 수 있는 땅을 무조건 좋은 땅으로 인정하는 것은 참으로 단순한 사고다. '도로'만 있으면 무조건 최고라고 안심한다. 나 홀로 주택이 많고 빈집이 증가하는 이유다. 집은 반드시 커뮤니티 공간과 친숙한 부동산을 필요로 하고 있다. 도시지역의 구성이 주거지역+상업지역+공업지역+녹지공간으로 형성되는 이유다. 이것이 부동산의 진리요,

순리다. 마찬가지 이치로, 전용 과정을 거친 땅이 반드시 좋은 땅은 아니다. 입지가 우선이요, 그 입지는 반드시 지역핵심인구인 주거인구에 의해 그 역할이 결정되는 것이다. 유동인구만으로는 역부족이다. 유동인구가 지역핵심인구라고 인정하는 사람은 많지 않다. 지방 일부지역에서만 통용되는 게 현실이다.

건축 이후 장기간 공실에 허덕이는 것은 지나친 가격거품 혹은 부실한 입지 때문이다. 인허가 과정에 집착할 게 아니라 인구에 집중할 때다. 전용허가과정 하나에만 목숨 걸다 보니 난개발이나 산림 훼손이 큰 것이다. 전원주택 완성이 장기간 미루어진 경우도 태반이다. 서울과 가까운 양평이나 가평에도 땅만 훼손시킨 채 장기간 방치된 완성도 낮은 땅을 자주 목도할 수가 있다. 순리가 곧 진리라는 사실을 무시해서 생긴 화마다. 예컨대 농지법과 산지법의 존재가치를 존중하면 문제가 생기지 않는다. 전용허가가 순리대로 이루어지지 않고 비리가 개입되었다면 반드시 크고 작은 문제가 생긴다. 원상복구 명령이라도 떨어지면 부동산 가치(건축법)와 지역가치(주택법)가 함께 변질된다.

전용 목적이 반드시 2가지로 분기된다는 점이 문제다.

전용 과정을 위한 전용 과정이 많다는 것이다. 목적이 부당하고 유치하다. 이는 마치 지목변경을 위한 지목변경과 같아 더 이상의 진화가 불가능하다. 단순히 환금성을 높이기 위한 도로 개설과 같다. 목적이 불순하고 유치한 이런 도로는 이론적으로 추후 장식용 도로로 잔존하게 될 것이다. 목적이 유치하면 가치가 추락한다. '대지 입지'에 집중해야지 '대지 자체'에 집중하지 마라. 전용 과정의 목적이 순리에 맞으면 문제가 생기지 않는다. 대지가 만능은 아니다. 대지라는 이유로 무조건 비싼 것은 문제 있다. 대지가 만병통치약이 아니다. 이는 마치 역세권이라고 해서 무조건 거품가격에 매매되어야 한다는 억지 논리와 진배없다. 즉 역세권이 만능(정답)은 아니다. 법(상수)만 잘 지키면 아무런 문제가 발생하지 않는다. 잘 지켜서 만들어진 현재가치는 안전한 미래가치로 보상, 보답해준다.

부동산 공법 탐구 3
농지법, 산지관리법, 주택법, 건축법이 한통속인 이유

산지전용 과정을 밟기 전에 신중을 기해야 하는 이유가 있다. 한 차례 파괴, 붕괴된 산을 원상복구하기는 거의 불가능하기 때문이다. 마치 엄마 자궁에서 태어난 아이를 다시 자궁 속으로 넣을 수 없는 것처럼 말이다. 비유컨대 자궁의 역할이 곧 자연의 역할인 것이다.

남용은 절대로 용납할 수가 없다. 민원인(공법 사용자) 입장에서는 당연히 적용 및 응용을 해야 하는 것이다. 땅의 실활용 가치를 최대한으로 끌어올리는 일련의 과정과 노력이 전용 과정이다. 현재의 존재 가치의 대전환을 의미한다. 다만 건축행위라는 대전제가 따른다. 전용 과정 안에 형질변경, 지목변경의 과정이 포함된다. 단순히 형질변경만 하고, 지목변경 과정만 밟고 아무런 행위(건축)를 하지 않는다면 순리에 어긋나는 것이다. 요컨대 주택법, 건축법의 존재감은 농지 및 산지전용 과정을 통해 빛나는 것이다. 즉 주택법, 건축법, 농지법, 산지법은 한통속이다. 한 몸이라 연동한다. 하나로 통합, 조합이 되었을 때 역동한다. 역할과 기능이 커진다. 만약 단절된 상태가 지속된다면 그것은 부동산 공법의 근본 취지에 맞지 않는 것이다(전용의 취지는 실용성과 실활용을 최대로 끌어올리는 과정 혹은 결과).

즉, '주택법+건축법+농지법+산지법'의 최대 효과는 지역핵심인구인 주거인구(지역주인=지역주민)를 충분히 확보+확충하는 것이다.

부동산 공법 탐구 4
부동산 공법을 공부하는 이유

첫째, 건축행위를 통한 삶의 가치의 극대화를 위해서다.

둘째, 공인중개사 자격증을 취득하기 위해서다.

셋째, 지식 취득을 위해서다.

토지거래허가구역이 남용되는 이유가 있다. 수적으로 실수요자보다 투자자가 훨씬 많기 때문이다. 자신은 자신 있게 실수요자라고 강조하나, 부동산 가격이 변화할 때 마음이 바뀐다. 가격이 바뀌면 반드시 마음이 바뀌기 마련이다.

실수요자 대비 투자자 급증 현상이 일어나는 것은 부동산 공법을 활용하는 자가 급감하고 있다는 증거다. 변용하는 자가 너무 많다. 오로지 개발계획과 주변가치의 변화에 대한 기대감만 증폭된 것이다. 지극히 소극적인 행동이다. 전용 과정은 적극적인 행동인데 말이다. 결국 토지거래허가구역 등 단기규제는 부동산 공법을 최대로 활용하라는 경고 메시지인 셈이다(우리나라에 지상물 공실이 만연한 이유는 딱 한 가지다. 실수요가치보다 투자 가치의 지배를 일방적으로 받고 있기 때문이다).

부동산 공법 세계에서는 오로지 실수요가치에만 집중한다. 그래야 절대로 잡음이 생기지 않는다. 그게 순리다. 투자 가치에 신경 쓰지 않으면 잡음이 생길 수가 없다. 실수요가치가 높으면 당연히 가격이 오르기 마련이기 때문이다. 외형상으로는 실수요가치에 매진하는 자는 가격의 노예가 되지 않겠다고 다짐하는 자다. 즉, 실수요가치에 100% 집중적으로 노력하면 투자 가치라는 하나의 매개체가 자연스럽게 생기는 것이다. 기대하지 않았는데도 기회가 생긴다. 하늘은 스스로 돕는 자를 돕는다.

부동산 공법은 현재의 존재 가치에 집중하는 법령이다. 물론 모든 법령의 의미가 이와 크게 다르지 않지만 말이다. 부동산 공법을 통해 미래의 잠재가치를 운운하는 것은 사치다. 부동산 공법을 통해 억지로 투자 가치를 노리는 것은 무리다. 그것은 순서에 맞지 않은 것이기 때문이다. 가령 '과거-현재-미래'를 '미래-현재-과거'로 돌려놓는 나쁜 짓이다. 즉, 오용(오해)하고 만다. 시간을 저격하는 행위는 사악한 행동이다. 요컨대 법은 시간을 지키는 과정이다. 과정(과거)을 지키는 게 법이다. 결과는 지키는 대상이 아니다. 과정은 땅에서 이루어지는 가치고, 결과는 하늘에서 내려주는 행운 혹은 축복이기 때문이다. 과정(법 수호)이 깨끗하면 결과도 당연히 깨끗하다. 윗물이 깨끗하면 당연히 아래도 깨끗하다. 대통령의 인성이 깨끗하면 당연히 국민도 그것을 본받는다. 부동산 공법 공부를 제대로 해야 하는 이유다.

기획 부동산 회사는 부동산 공법과 무관하고, 중개사무소는 부동산 공법을 적극적으로 사용하는 곳이다. 현재가치를 중개하고 있는 곳이기 때문이다.

미래가치를 조율하는, 즉 컨설팅(자문행위)은 중개행위와 무관하다. 부동산 공법은 기획행위와 전혀 무관하며 순수하다. 순수한 게 곧 고수다. 잔머리를 아무리 써봤자 아무런 소용이 없다. 기획 부동산 회사와 중개사무소의 관계는 마치 한일관계처럼 가깝고도 멀다. 서로를 필요로 하고 있지만, 때로는 적대적이다. 마치 의사와 한의사 관계처럼 서로 간 경쟁의식이 심하다. 앙숙이다. 그러나 톱니바퀴처럼 잘 맞물려서 하나가 되어야 업계가 진보할 수 있다. 악용과 응용의 차이는 하늘과 땅 차이다. 성공과 실패의 차이다.

- 부동산 중개사무소 - 변수 대신 상수(constant)를 고수한다(전용 과정을 코치할 수 있는 곳).

- 기획부동산 회사 - 변수에만 집중하는 집단이다(전용 과정과 전혀 무관한 곳).

부동산 공법은 변수가 아니다. 실패할 수 없는 구조로 되어 있다. 물론 제대로 지켰을 때 가능하다. 야구에서 투수와 포수 관계를 배터리라고 표현한다. 야구 경기에서 중요한 포지션이기 때문이다. 부동산 전용 과정에도 배터리가 있다. 부동산 공법을 사용할 수 있는 관계다. 즉 부동산 공법이 투수요, 사용자가 곧 포수다. 또는 주택법과 건축법이 투수라면 농지법과 산지법은 포수라고 할 수 있다.

부동산 공법의 가치는 진화다. 존재 가치의 성숙이다. 활용 가치를 극대화하는 것이다. '전용 과정'이 부동산 공법의 주인공이다. 전용 과정은 개인적으로 부동산 공법을 직접 적극적으로 활용하는 방법이다. 아파트 건설업자에게도 필요하지만, 건축을 원하는 개인들에게 더 필요하다. 토지 투자자가 부동산 공법과의 연계성을 기대하는 것은 전용 과정이다. 완성도 낮은 땅을 통해 가치를 극대화하는 과정이다.

부동산 공법 탐구 5
문화와 문학의 관계

문화와 문학은 반드시 연동하나, 그 의미가 상이하다.

이를테면 '도로'가 문화라면, '아파트 등 지상물'은 문학이다. 문학은 문화 안에 예속되어 있기 때문이다. 아파트는 도로를 통해 건설된다. 도로가 없으면 아무 행위도 할 수가 없다. 도로는 문화다.

역세권 역시 도로 안에 예속, 존속, 소속되어 있어 소속감이 높다. 현장감의 원자재다. 건축물에는 건폐율과 용적률이 있어 존재가치와 그 범위를 알 수 있지만, 도로의 범위는 무조건 광대하다. 크고 작은 도로가 반드시 연계되어 있기 때문이다. 막다른 골목이나 낭떠러지를 제외하고는 모든 게 도로다. 도로의 범위다. 도로의 도리는 모든 지상권을 지배하는 권력이다.

부동산 공법 탐구 6
부동산 시계에서의 물과 도로의 역할

하나는 규제를 통해 보호받고, 하나는 개발의 원자재 역할을 톡톡히 하고 있다. 규제 해제를 통해 개발을 할 때 가장 먼저 도로개설로 개발이 가동, 작동된다. 하천법, 수도법, 도로법, 접도구역, 수변구역 등의 점검과 검토 과정을 밟고 나서 말이다.

산지

산지전용허가

산지전용을 하려는 자는 그 용도를 정해 대통령령이 정한 산지의 종류 및 면적 등의 구분에 따라 산림청장 허가를 받아야 한다. 허가받은 사항을 변경하려는 경우에도 같다. 다만 농림축산식품부령으로 정하는 사항으로서 경미한 사항을 변경하려는 경우에는 산림청장에게 신고로 갈음할 수 있다. 산림청장은 변경신고를 받은 날부터 25일 이내에 신고수리 여부를 신고인에게 통지해야 한다.

산지전용신고

다음 각 호의 어느 하나에 해당하는 용도로 산지전용을 하려는 자는 국유림의 산지에 대해서는 산림청장에게, 국유림이 아닌 산림의 산지에 대해서는 시장, 군수, 구청장에게 신고해야 한다.

- 농림어업인의 주택시설과 그 부대시설의 설치
- 건축허가 또는 건축신고 대상이 되는 농림수산물의 창고, 집하장,* 가공시설 등 대통령령이 정한 시설의 설치

다음 각 호의 어느 하나에 해당하는 용도는 산지일시사용을 하려는 자는 국유림의 산지에 대해서는 산림청장에게, 국유림이 아닌 산림의 산지에 대해서는 시장, 군수, 구청장에게 신고해야 한다.

- 건축허가 또는 건축신고 대상이 아닌 간이 농림어업용 시설과 농림수산물 간이처리시설의 설치
- 석재, 지하자원의 탐사시설 또는 시추시설의 설치
- 산나물, 약초, 약용수종, 조경수, 야생화 등 관상산림식물의 재배(성토 또는 절토 등을 통해 지표면으로부터 높이 또는 깊이 50cm 이상 형질변경을 수반하는 경우에 한정한다)
- 가축의 방목 및 해당 방목지에서 가축의 방목을 위해 필요한 목초 종자의 파종
- 임도, 작업로, 임산물 운반로, 등산로, 탐방로 등 숲길, 그 밖에 이와 유사한 산길의 조성

산지전용허가의 효력

산지전용허가, 산지전용신고의 수리, 산지일시사용 허가 및 산지일시사

---

* 집하장(集荷場) − 여러 지역에서 배출된 물건들이 모이는 장소

용신고의 수리의 효력은 다음 각 호의 요건을 모두 충족할 때까지 발생하지 않는다.

첫째, 해당 산지전용 또는 산지일시사용의 목적사업을 시행하기 위해 다른 법률에 따른 인가, 허가, 승인 등의 행정처분이 필요한 경우에는 그 행정처분을 받아야 한다.

둘째, 대체산림자원조성비를 미리 내야 하는 경우에는 대체산림자원조성비를 납부해야 한다.

셋째, 복구비를 예치해야 하는 경우에는 복구비를 예치해야 한다.

산지전용허가 기간

산지전용허가 또는 산지전용신고에 의해 대상 시설물을 설치하는 기간 등 산지전용기간은 다음 각 호와 같다. 다만 산지전용허가를 받거나 산지전용의 신고를 하려는 자가 산지 소유자가 아닌 경우의 산지전용기간은 그 산지를 사용, 수익할 수 있는 기간을 초과할 수 없다.

- 산지전용허가의 경우 – 산지전용면적 및 전용을 하려는 목적사업을 고려해 10년의 범위에서 농림축산식품부령으로 정한 기준에 따라 산림청장 등이 허가하는 기간
- 산지전용신고의 경우 – 산지전용면적 및 전용을 하려는 목적사업을 고려해 10년의 범위에서 농림축산식품부령으로 정한 기준에 따라 신고하는 기간

이해관계인 등의 범위

산림청장 또는 관계 행정기관의 장은 해당 산지에 대해 구역 등의 지정 협의, 산지전용허가, 산지전용협의 또는 산지일시사용 허가, 산지일시사용 협의를 한 때에는 이해관계인 등이 그 내역을 알 수 있도록 해당 기관 게시판 또는 전자매체 등에 공고하고, 이해관계인 등이 관계 서류를 14일 이상 열람할 수 있도록 해야 한다. 이의신청할 수 있는 이해관계인이란 허가, 협의의 대상인 사업구역의 경계로부터 반지름 500m 안에 소재하는 다음 각 호의 어느 하나에 해당하는 자를 말한다.

- 가옥 소유자
- 주민(실제로 거주하고 있는 세대주)
- 공장의 소유자, 대표자
- 종교시설의 대표자

이해관계인이 이의신청을 하려면 허가, 협의사실이 공고된 날부터 30일 이내에 농림축산식품부령으로 정한 이의신청서에 전체 인원의 과반수의 연대서명을 받은 연대서명부를 붙여 산림청장에게 제출해야 한다.

대체산림자원조성비

다음 각 호의 어느 하나에 해당하는 자는 산지전용과 산지일시사용에 따른 대체산림자원조성에 드는 비용을 미리 내야 한다.

- 산지전용허가를 받으려는 자

- 산지일시사용 허가를 받으려는 자
- 다른 법률에 따라 산지전용허가 혹은 산지일시사용 허가의 의제되거나 배제되는 행정처분을 받으려는 자

산지의 지목변경 제한

다음 각 호의 경우를 제외하고는 산지를 임야 외의 지목으로 변경하지 못한다.

첫째, 산지전용허가 또는 산지전용신고(다른 법률에 따라 산지전용허가나 산지전용신고가 의제되는 행정처분을 받은 경우를 포함한다)의 목적사업을 완료한 후 복구의무를 면제받거나 복구준공검사를 받은 경우다.

둘째, 공간정보의 구축 및 관리 등에 관한 법률에 따라 도시개발사업 등의 원활한 추진을 위해 사업시행자가 토지의 합병을 신청하는 경우 등 대통령령으로 정한 경우에는 산지전용허가를 받았거나 산지전용신고(다른 법률에 따라 산지전용허가나 산지전용신고가 의제되는 행정처분을 받은 경우를 포함한다)를 했을 경우다.

실활용의 차이다. 산은 반드시 활용할 필요가 없다. 산지법은 보호법이 곧 활용법이다. 보호와 활용이 연결된다. 활용의 자유가 보장된다. 농지는 100% 실활용으로 응용된다. 농지법이 세다. 헌법에 법령으로 규정되었다(경자유전법칙).

산지와 농지의 차이는 높이와 넓이의 차이로 점철되는데 마치 산지는 마천루처럼 하늘을 향해 이동하고, 농지는 광활한 평야를 대표 혹은 대신한다. 하나는 높이의 대명사요, 하나는 넓이의 대명사인 것이다. 높은 산은 리스크 높이가 높고, 넓은 농지는 부의 상징일 수 있다. 산지 높이가 높을수록 악산일 가능성이 크고, 그 높이가 낮을수록 야산일 가능성이 크다. 활용 및 현재가치는 높이와 울창한 정도를 통해 평가받는다.

 농지

농지의 타 용도 일시사용신고

농지를 썰매장, 지역축제장 등으로 일시적으로 사용하는 경우 대통령령으로 정한 바에 의해 지력을 훼손하지 않는 범위에서 일정 기간 사용한 후 농지로 원상복구 한다는 조건으로 시장, 군수, 구청장에게 신고해야 한다.

시장, 군수, 구청장은 주무부장관이나 지방자치단체의 장이 다른 법률에 따른 사업 또는 사업계획 등의 인가, 허가, 승인 등과 관련해 농지의 타 용도 일시사용협의를 요청하면 인가, 허가, 승인 등을 할 때에 해당 사업을 시행하려는 자에게 일정 기간 그 농지를 사용한 후 농지로 복구한다는 조건을 붙일 것을 전제로 협의할 수 있다. 시장, 군수, 구청장은 신고를 수리하거나 협의할 때에는 대통령령이 정한 바에 따라 사업을 시행하려는 자에게 농지로의 복구계획을 제출하게 하고, 복구비용을 예치하게 할 수 있다. 이 경우 예치된 복구비용은 사업시행자가 사업이 종료된 후 농지로의 복구계획을 이행하지 않은 경우 복구대행비로 사용할 수 있다.

농지전용허가 등의 제한

농림축산식품부장관은 농지전용허가를 결정한 경우 다음 각 호의 어느 하나에 해당하는 시설의 부지로 사용하려는 농지는 전용할 수가 없다.

- 대기오염물질배출시설로서 대통령령이 정한 시설
- 폐수배출시설로서 대통령령으로 정한 시설
- 농업의 진흥이나 농지보전을 해칠 우려가 있는 시설로서 대통령령이 정한 시설

둘 이상의 용도지역, 용도지구에 걸치는 농지에 대한 전용허가 시 적용 기준

한 필지의 농지에 도시지역, 계획관리지역, 개발진흥지구와 그 외의 용도지역 혹은 용도지구가 걸치는 경우로서 해당 농지면적에서 차지하는 비율이 가장 작은 용도지역 또는 용도지구가 대통령령으로 정하는 면적 이하인 경우에는 해당 농지면적에서 차지하는 비율이 가장 큰 용도지역 또는 용도지구를 기준으로 적용한다.

농지보전부담금

다음 각 호의 어느 하나에 해당하는 자는 농지의 보전, 관리, 조성을 위한 부담금을 농지관리기금을 운용, 관리하는 자에게 내야 한다.

- 농지전용허가를 받은 자

- 농지전용협의를 거친 지역 예정지 혹은 시설예정지에 있는 농지를 전용하려는 자
- 농지전용협의를 거친 농지를 전용하려는 자
- 농지전용신고를 하고 농지를 전용하려는 자

농림축산식품부장관은 다음 각 호의 어느 하나에 해당하는 사유로 농지보전부담금을 한꺼번에 내기 어렵다고 인정되는 경우에는 대통령령으로 정한 바에 따라 농지보전부담금을 나누어 내게 할 수 있다.

- 공공기관과 지방공기업이 산업단지의 시설용지로 농지를 전용하는 경우 등 대통령령으로 정한 농지의 전용
- 농지보전부담금이 농림축산식품부령으로 정한 금액 이상인 경우

농지관리기금을 운용, 관리하는 자는 다음 각 호의 어느 하나에 해당하는 경우 대통령령으로 정하는 바에 따라 그에 해당하는 농지보전부담금을 환급해야 한다.

- 농지보전부담금을 낸 자의 허가가 취소된 경우
- 농지보전부담금을 낸 자의 사업계획이 변경된 경우
- 전용하려는 농지 면적이 당초보다 줄어든 경우

농림축산식품부장관은 다음 각 호의 어느 하나에 해당하면 대통령령으로 정한 바에 따라 농지보전부담금을 감면할 수 있다.

- 국가나 지방자치단체가 공용 목적이나 공공용 목적으로 농지를 전용하는 경우
- 대통령령으로 정하는 중요 산업시설을 설치하기 위해 농지를 전용하는 경우

농지보전부담금은 부동산 가격 공시에 관한 법률에 따른 해당 농지의 개별공시지가 범위에서 대통령령으로 정하는 부과 기준을 적용해 산정한 금액으로 하되, 농업진흥지역과 농업진흥지역 밖의 농지를 차등해 부과 기준을 적용할 수 있다.

부과 기준일은 다음 각 호의 구분에 따른다.

- 농지전용허가를 받은 경우 : 허가를 신청한 날
- 농지를 전용하려는 경우 : 대통령령으로 정하는 날
- 다른 법률에 따른 농지전용허가가 의제되는 협의를 거친 농지를 전용하려는 경우 : 대통령령으로 정하는 날
- 농지전용신고를 하고 농지를 전용하려는 경우 : 신고를 접수한 날

농림축산식품부장관은 농지보전부담금을 내야 하는 자가 납부기간까지 내지 않으면 납부기한이 지난 후 10일 이내에 납부기한으로부터 30일 이내의 기간을 정한 독촉장을 발급해야 한다.

농림축산식품부장관은 농지보전부담금을 내야 하는 자가 납부기한까지 부담금을 내지 않은 경우 납부기한이 지난 날부터 체납된 농지보전부담금의 100분의 3에 상당하는 금액을 가산금을 부과한다.

용도변경의 승인

다음 각 호의 어느 하나에 해당하는 절차를 거쳐 농지전용 목적사업에 사용되고 있거나 사용된 토지를 대통령령으로 정하는 기간 이내에 다른 목적으로 사용하려는 경우, 농림축산식품부령으로 정하는 바에 따라 시장, 군수, 구청장 승인을 받아야 한다.

- 농지전용허가
- 농지전용협의
- 농지전용신고

농지대장

시장, 구청장, 읍장, 면장은 농지 소유 실태와 농지 이용 실태를 파악해 이를 효율적으로 이용하고 관리하기 위해 대통령령으로 정하는 바에 따라 농지대장을 작성해 비치해야 한다. 농지대장에는 농지의 소재지, 지번, 지목, 면적, 소유자, 임대차정보, 농업진흥지역 여부 등을 포함한다.

농지 소유자 혹은 임차인은 다음 각 호의 사유가 발생하는 경우 그 변경사유가 발생한 날부터 60일 이내에 시장, 구청장, 읍장, 면장에게 농지대장 변경을 신청해야 한다.

- 농지의 임대차계약과 사용대차계약이 체결, 변경, 해제되는 경우
- 토지에 농축산물 생산시설을 설치하는 경우

시장, 구청장, 읍장, 면장은 자경하고 있는 농업인 혹은 농업법인이 신청하면 농림축산식품부령으로 정한 바에 따라 자경증명을 발급해야 한다.

한 필지의 토지가 농업진흥구역과 농업보호구역에 걸쳐 있으면서 농업진흥구역에 속하는 토지 부분이 대통령령으로 정하는 규모 이하이면, 그 토지 부분에 대해서는 행위 제한을 적용할 때 농업보호구역에 관한 규정을 적용한다.

한 필지의 토지 일부가 농업진흥지역에 걸쳐 있으면서 농업진흥지역에 속하는 토지 부분의 면적이 대통령령으로 정한 규모 이하이면, 그 토지 부분에 대해서는 적용하지 않는다.

농지전용허가 처리 과정은 다음과 같다.

농지전용허가 신청서 작성 → 농지전용 허가심사 → 허가통보

부동산 공법 탐구 1
부동산 공법의 특징

예리한 분석력과 상상력, 잠재력, 창의력, 기획력, 정보력 등은 부동산 공법과 무관한 힘이다. 부동산 공법은 견강부회와 침소봉대(針小棒大)가 불가능하기 때문이다. 교언영색(巧言令色)도 통할 수 없는 구조로 되어 있다. 오로지 법치로 승부를 걸고 정치가 단 1%도 용납되지 않는다. 투명하기 때문이다. 투자자에게 때로는 정치적 접근을 시도할 수가 있겠으나 실수요자가 필요로 하는 부동산 공법에서는 법치만이 존재할 뿐이다. 부동산 공법 사용법은 공무원을 활용하는 과정과 일치한다. 부동산 공법의 정확도를 공무원을 통해 확인할 수 있기 때문이다. 따라서 부동산 공법을 사용할 때, 컨설턴트를 만날 필요가 없다.

주택법 등 법령을 활용할 때 지역별(지자체) 조례(자주법)를 따라야 하므로 공무원과의 대화 횟수와 공무원 활용 횟수가 높아진다. 이 책은 과거와 현재 사이를 기록한 책으로, 실활용을 정확하게 하려면 매번 공무원과의 대화를 통해 확인 검토 과정을 반복적으로 가져야 한다. 그동안(20년간) 변화된 게 꽤 있기 때문에 하는 말이다. 현실적으로 굳이 변하지 않아도 될 게 너무 많다는 게 문제다. 핵심 분석에 방해가 되는 소모전이다.

부동산 공법에는 힘 대신 '성질'이 지대한 영향력을 행사한다. 시너지효과가 크다. 예를 들어 고정성과 접근성은 입지와 관련 있고, 그 입지는 지역핵심인구와 연동한다(예 : 주거인구). 주거인구 동태 파악은 해당 지자체에서 한다. 중개사무소에서 하지 마라. 정확성과 투명성을 기해야 하기 때문이다. 부동산 공법에는 정보 대신 성질이 필요하다. 정보는 투자자에게 필요하지, 부동산 공법을 정밀하게 공부하는 실수요자에게는 불필요한 미래가치다. 부동산 성질은 비교적 정확하나, 부동산 정보는 정확도가 몹시 떨어진다.

도로와 용적률은 부동산 공법과 관련 있는데, 이는 삶의 질과 연관성이 있다. 도로와 용적률은 반드시 비례하기 때문이다. 즉, 도로 상태에 집중해야지, 용적률 하나에 집착하는 일은 없어야겠다. 용적률 상향조정에 집착하는 일이 너무 자주 벌어지다 보니 길은 좁은데, 아파트 키만 점차 커져 도시 미관을 해치는 일이 비일비재하다. 도시 구조가 답답해진다. 도로 상태가 삶의 질을 바꿀 수 있지, 용적률 변화가 삶의 질을 변화시키지는 않는다. 고층 아파트에 살수록 해당 지역 주민들의 건강에 적신호가 켜진다는 것은 통계와 연구와 기록으로 나와 있는 사실이다. 고층에 살수록 건강이 안 좋아진다. 삶의 질이 떨어진다. 지역의 대표 랜드마크와 마천루로서 가격이야 오르겠지만 삶의 가치는 떨어진다.

부동산 공법의 가치를 투명하게 공적서류를 통해 표출한 게 있다. 토지이용계획확인원이다. 현재가치를 소상히 알아볼 기회이기 때문이다. 부동산 공법은 부동산 공부를 대변한다. 부동산 공법은 개발보다는 보호와 보지가 우선이다. 규제 과정(현재가치)을 통해 보호와 보지가 이루어지는 것이다. 통제와 규제 사이에 개발의 요소가 숨어 있다. 대자연의 보호 방법을 체계적으로 기술한 가치가 부동산 공법이다. 대자연 속에 대도시가 형성된다는 가치를 가르쳐준다. 이것이 바로 부동산 진리다. 반드시 도시지역 안에서 녹지공간이 가장 넓게 차지하는 이유다. 과거의 신도시와 작금의 신도시 차이는 녹지율의 차이다. 원조신도시인 분당신도시의 녹지율과 광교신도시의 녹지율 차이는 거의 하늘과 땅이다. 대한민국 신도시 중 가장 높은 녹지율을 자랑하는 신도시가 2기 신도시인 광교신도시다.

자연녹지지역의 특징은 용도변경의 가능성이 크다는 점이다. 도시지역 중 가장 많이 매매되는 이유다. 주거인구 변화에 따라 변수가 작용한다. 용도변경 현상이 일어나는 것이다. 녹지지역이 주거지역으로 전격 변경된다. 100% 도시지역으로 구성된 서울은 가장 높은 인구밀도의 과밀억제권역이다. 재개발·재건축 1번지다. 그리고 자연녹지지역의 활용도가 가장 높은 곳으로 유명하다. 자연녹지지역과 그린벨트(개발제한구역)는 항시 붙어 있는데 그린벨트 분포도를 보면 서울이 25%를 차지한다. 수도권은 대한민국 전체 인구의 절반을 차지하고 있고, 그린벨트 역시 수도권이 절반가량을 차지하고 있다. 서울의 가장 높은 인구밀도와 과밀억제권역이라는 영향력이 어느 수위에 도달했다.

수도권정비계획법의 존재가치가 높다. 수도권정비계획법의 필요성이 점점 높아지는 것은 경기 및 인천 일대의 주거인구의 꾸준한 증가 현상과 관련 깊다. 용도변경, 규제 해제 과정을 통해 개발이 진행 중인 곳이 많다. 재개발 과정을 통해 지역변신 중인 곳이 증가한다.

· 모르는 게 독 - 공법 속에 숨어 있는 진리(아는 게 힘이다)

· 모르는 게 약 - 검사 등 공무원들의 숨어 있는 비리(알면 실망한다)

고수와 하수의 차이

고수는 하나를 보면 10개를 발견할 수 있는 능력을 가지고 있다.

하수는 10개를 보면 하나의 진리도 발견을 못 하고 있다. 소탐대실(小貪大失)을 하고 있기 때문이다. 핵심, 논점 발견을 못 해 평소 혹은 평생 고생한다. 고수에게 하나를 알려주면 고수는 10개의 진리를 체득한다(자각).

투자자와 실수요자의 차이

• 투자자 - 발견하는 사람(개발 이슈와 지역 랜드마크)
• 실수요자 - 발명하는 사람(부동산 공법을 통해 건축 과정을 밟는다)

부동산 공법은 미완의 부동산인 땅과 성격이 같다. 투자자가 토지 답사 시 땅 자체만 봐서는 해답이 나오지 않는다. 어리둥절해진다. 마찬가지 이치로, 부동산 마니아가 부동산 공법 자체만 보면 안 된다. 부동산 공법 속에 숨어 있는 진리를 체득하는 게 매우 중요하다. 부동산 공법 사용법을 제대로 견지해야 하는 이유다. 부동산 공법 공부의 최종 목표는 지식 취득과 자격증 취득이 아니다. 새로운 노하우를 발견하는 것이다. 자각하는 것이다. 자각은 생각과 다르다. 자각은 진보적이고 생각은 자각의 재료다. 생각이 많다고 자각을 하는 것은 아니다. 장고(長考) 끝에 악수(惡手)를 둘 수 있다. 핵심 발견이 최대 관건이다. 새로운 사실과 가치를 발견할 수 없는 공부 과정은 불행할 뿐이다. 소모전에 시간 낭비이기 때문이다. 필자가 느낀 부동산 공법 공부의 결과는 '부동산 공법'이 바로 '부동산 변수'의 중차대한 도구라는 사실(의 발견)이다.

개별적으로 부동산 철학을 만들 수 있는 재료로 쓰인다는 점이다. 부동산 공법은 실수할 확률이 매우 낮은 안전한 부동산 노하우이기 때문이다. 실수요가치를 만들 수 있는 최고의 비법이기에 안전한 투자 가치를 만든다. 완성도가 낮은 미숙한 토지를 성숙한 토지로 바꾸는 일등 공신이다. 전용 과정(건축 과정)이 여기에 포함된다. 주택 역시 전용 과정을 통해 산출된 자산이다. 부동산 공법의 존재가치란, 맹지로부터 시작해 의식주의 주(주거시설)에 이르기까지 일련의 과정을 기술한 실용가치다. 이것에 도통한 자가 바로, 오래된 집으로 도시형생활주택 등을 만들 수 있는 건축업자다. 건설업자가 접근도 높은 맹지를 잡아 대규모 주거시설 등을 만들 수 있는 것 역시 마찬가지다. 헌 집을 통해 새집을 만들 수 있는 방법과 이론이 적시되어 있는 게 부동산 공법이다. 또한 오지를 신도시로 격상시킬 만한 여유와 자유가 부동산 공법 안에 기록되어 있는 것이다.

이로써 부동산 공법은 공부의 대상이 아니라 분석의 대상인 셈이다. 필자는 부동산 공법을 공부한다는 생각으로 글을 쓰지 않고 새로운 부동산 철학을 다시금 만든다는 정신으로 접근했다. 부동산 공법 책은 지식(과학)으로 쓰는 게 아니라 지혜(철학)로 쓰는 것이다. 그렇기에 작은 변화에 예민할 필요가 없다. 핵심은 작은 변화가 아니기 때문이다. 지난 20년간의 크고 작은 변화를 기록한 역사가 부동산 공법이다. 모든 역사는 공부의 대상이 아니다. 분석과 해석의 대상이다. 암기만 해서는 안 된다. 암기로는 역부족이다. 암기가 진화와 용기를 포기할 수 있는 걸림돌이 될 수 있기 때문이다. 핵심 발견과 분석은 진화 과정이다. 결론적으로 이 책은 암기할 대상이 아니다. 수치에 예민할 필요가 없다. 수치는 가치의 전부가 아니다. 지극히 일부에 지나지 않는다.

부동산 공법과 토지 이용계획확인원은 하나다. 규제 상황을 통해 개발가치를 확인·검토할 수 있는 기회이기 때문이다. 궁극적으로 부동산 공법과 토지 이용계획확인원을 통해 알 수 있는 것은 국토 보존이다. 보호다. 개발은 차후 문제다. 오로지 지속성(상수)을 통해 현재가치를 보전하는 것이다. '보호 속에서 개발하라'는 명령과 메시지가 곧, 부동산 공법책과 토지 이용계획확인원 안에 담겨 있다. 부동산 사용법이란, 규제 사용법이다. 법치(법의 가치)는 규제와 통제 사이의 가치지, 개발가치는 아니다.

부동산 공법을 알면 부동산 투자가 쉽다

제1판 1쇄 2024년 12월 13일

지은이   김현기
펴낸이   한성주
펴낸곳   ㈜두드림미디어
책임편집   최윤경, 배성분
디자인   얼앤똘비악(earl_tolbiac@naver.com)

㈜두드림미디어
등록   2015년 3월 25일(제2022-000009호)
주소   서울시 강서구 공항대로 219, 620호, 621호
전화   02)333-3577
팩스   02)6455-3477
이메일   dodreamedia@naver.com(원고 투고 및 출판 관련 문의)
카페   https://cafe.naver.com/dodreamedia

ISBN   979-11-94223-35-1 (03320)

책 내용에 관한 궁금증은 표지 앞날개에 있는 저자의 이메일이나
저자의 각종 SNS 연락처로 문의해주시길 바랍니다.